经管类专业虚拟仿真实验系列教材

工程项目管理
综合技能
实训教程

GONGCHENG XIANGMU
GUANLI ZONGHE JINENG
SHIXUN JIAOCHENG

黄蜀江 龙伟 编著

Southwestern University of Finance & Economics Press
西南财经大学出版社

图书在版编目(CIP)数据

工程项目管理综合技能实训教程/黄蜀江,龙伟编著.—成都:西南财经大学出版社,2017.1(2021.1重印)

ISBN 978-7-5504-2775-4

Ⅰ.①工… Ⅱ.①黄…②龙… Ⅲ.①工程项目管理—高等学校—教材 Ⅳ.①F284

中国版本图书馆CIP数据核字(2016)第315093号

工程项目管理综合技能实训教程

黄蜀江 龙伟 编著

责任编辑:高小田
责任校对:王青杰
装帧设计:穆志坚
责任印制:朱曼丽

出版发行	西南财经大学出版社(四川省成都市光华村街55号)
网 址	http://www.bookcj.com
电子邮件	bookcj@foxmail.com
邮政编码	610074
电 话	028-87353785
照 排	四川胜翔数码印务设计有限公司
印 刷	四川五洲彩印有限责任公司
成品尺寸	185mm×260mm
印 张	9.5
字 数	210千字
版 次	2017年1月第1版
印 次	2021年1月第2次印刷
书 号	ISBN 978-7-5504-2775-4
定 价	20.00元

经管类专业虚拟仿真实验系列教材
编 委 会

总　序

实践教学是高校实现人才培养目标的重要环节，对形成学生的专业素养，养成学生的创新习惯，提高学生的综合素质具有不可替代的重要作用。加强和改进实践教学环节是促进高等教育方式改革的内在要求，是培养适应社会经济发展需要的创新创业人才的重要举措，是提高本科教育教学质量的突破口。

信息通信技术（ICT）的融合和发展推动了知识社会以科学2.0、技术2.0和管理2.0三者相互作用为创新引擎的创新新业态（创新2.0）。创新2.0以个性创新、开放创新、大众创新、协同创新为特征，不断深刻地影响和改变着社会形态以及人们的生活方式、学习模式、工作方法和组织形式。随着国家创新驱动发展战略的深入实施，高等学校的人才培养模式必须与之相适应，应主动将"创新创业教育"融入人才培养的全过程，应主动面向"互联网+"不断丰富专业建设内涵、优化专业培养方案。

"双创教育"为经济管理类专业建设带来了新的机遇与挑战。经济管理类专业建设一方面应使本专业培养的人才掌握系统的专门知识，具有良好的创新创业素质，具备较强的实际应用能力。另一方面，经济管理类专业建设还应主动服务于以"创新创业教育"为主要内容的相关专业的建设和发展。为了更好地做好包括师资建设、课程建设、资源建设、实验条件建设等内容的教学体系建设，教学内容、资源、方式、手段的信息化为经济管理类专业建设提供了有力的支撑。《国家中长期教育改革和发展规划纲要（2010—2020年）》提出："信息技术对教育发展具有革命性的影响，必须予以高度重视。"《教育信息化十年发展规划（2011—2020）》提出：推动信息技术和高等教育深度融合，建设优质数字化资源和共享环境，在2011—2020年建设1 500套虚拟仿真实训实验系统。经济管理类专业的应用性和实践性很强，其实践教学具有系统性、综合性、开放性、情景性、体验性、自主性、创新性等特征，实践教学平台、资源、方式的信息化和虚拟化有利于促进实践教学模式改革，有利于提升实践教学在专业教育中的效能。但是，与理工类专业相比，经济管理类专业实践教学体系的信息化和虚拟化起步较晚，全国高校已建的300个国家级虚拟仿真实验教学中心主要集中在理工医类专业。因此，为了实现传统的验证式、演示式实践教学向体验式、互动式的实践教学转变，将虚拟仿真技术运用于经济管理类专业的实践教学显得十分必要。

重庆邮电大学经济管理类专业实验中心在长期的实践教学过程中，依托学校的信息通信技术学科优势，不断提高信息化水平，积极探索经济管理类专业实践教学的建设与改革，形成了"两维度、三层次"的实践教学体系。在通识经济管理类人才培养的基础上，将信息技术与经济管理知识两个维度有效融合，按照管理基础能力、行业应用能力、综合创新能力三个层次，主要面向信息通信行业，培养具有较强信息技术能力的经济管理类高级人才。该中心 2011 年被评为"重庆市高等学校实验教学示范中心"，2012 年建成了重庆市高校第一个云教学实验平台——"商务智能与信息服务实验室"。2013 年以来，该中心积极配合学校按照教育部及重庆市建设国家级虚拟仿真实验教学中心的相关规划，加强虚拟仿真环境建设，自主开发了"电信运营商组织营销决策系统""电信 boss 经营分析系统""企业信息分析与业务外包系统"三套大型虚拟仿真系统，同时购置了"企业经营管理综合仿真系统""商务智能系统"以及财会、金融、物流、人力资源、网络营销等专业的模拟仿真教学软件，搭建了功能完善的经济管理类专业虚拟化实践教学平台。

为了更好地发挥我校已建成的经济管理类专业虚拟实践教学平台在"创新创业教育"改革中的作用，在实践教学环节让学生在全仿真的企业环境中感受企业的生产运营过程，缩小课堂教学与实际应用的差距，需要一套系统规范的实验教材与之配套。因此，我们组织长期工作在教学一线、具有丰富实践教学经验和企业经历的教学和管理团队精心编写了系列化实验教材，并在此基础上进一步开发虚拟化仿真实践教学资源，以期形成完整的基于教育教学信息化的经济管理类专业的实践教学体系，使该体系在全面提升经济管理类专业学生的信息处理能力、决策支持能力和协同创新能力方面发挥更大的作用，同时更好地支持学校正实施的"以知识、能力、素质三位一体为人才培养目标，以创新创业教育改革为抓手，以全面教育教学信息化为支撑"的本科教学模式改革。各位参编人员广泛调研、认真研讨、严谨治学、勤勤恳恳，为该系列实验教材的出版付出了辛勤的努力，西南财经大学出版社为本系列实验教材的出版给予了鼎力支持，本系列实验教材的编写和出版获得了重庆市高校教学改革重点项目"面向信息行业的创新创业模拟实验区建设研究与实践（编号 132004）"的资助，在此一并致谢！但是，由于本系列实验教材的编写和出版是对虚拟化经济管理类专业实践教学模式的探索，经济管理类专业的实践教学内涵本身还在不断地丰富和发展，加之出版时间仓促，编写团队的认知和水平有限，本系列实验教材难免存在一些不足，恳请同行和读者批评指正！

林金朝

二零一六年八月

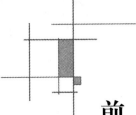

前 言

本实训设计按照项目管理的流程进行，涵盖了项目管理的九大知识体系。根据工程管理等专业的实际教学情况结合我校 IT 项目特色，经过范围计划、时间规划等一系列项目管理活动对本环节进行设计，将项目管理活动运用到培训方案中。

在选择本实训设计的内容时，考虑了实训的可行性和完整性，与理论知识的充分结合，与实际项目的操作流程的匹配性。而且实训量不能过少也不能过多，难度符合同学们的实际理论知识掌握程度，且控制在同学们能按质按量地完成实训内容的能力范围内，以便达到预定的实训效果。

在实训内容的先后顺序设置上，首先让同学们了解通信相关企业在通信工程项目实施时的相关流程，然后按照实际执行流程编排实训顺序。将本实训设置为先了解全局，再熟悉细分后的具体流程，最后根据细分流程进行综合汇总。

本实训需要参考查询的资料较多，涉及的教材也比较多，所以实训地点不仅仅局限于实训室，还需要在实训课后小组成员分工收集讨论整理相关资料。这点是考虑到不同版本的教材对项目管理的描述有所差异，另外一点就是目前我们工程管理专业还没有直接涉及通信工程项目管理的教材，很多东西还需要同学们通过网络和其他方式查阅相关资料来补充。实训中安排了小组成果展示和实训指导老师点评，这样有助于同学们在实训过程中能够将自己的实训心得与大家分享，在观看其他小组成果的时候总结自己的优点与不足，相互交流经验，再加上实训指导老师的点评，更能够促进同学们对相关知识的吸收。

本教程除了内容指导、案例模板、材料附录外，还将培训的组织设置、架构体系、课时安排、进度计划、考核方法、提交成果都给予了明确；考虑了学生、教师等多方面的需求。

需要说明的是，本书所采用的是一个通信建设工程项目管理和一个土建项目管理的示例，尽管已尽力使之符合实际情况，但仍存在不尽合理之处，敬请读者在使用过程中给予指正。同时为使示例尽量简洁，没有细化到符合实际工作要求的程度，敬请读者使用时注意。

书中的示例和部分内容得到了向魁、范海洋、陈翠等同学毕业设计或实验数据的支持，在此，特向他们表示感谢！

在本书的编写过程中，我们参考了一些项目管理书籍，特别是 PMI 的《PM-BOK©指南》和人民大学出版社的《项目管理实验教程》，在此特别向这些书籍的作者致谢！

黄蜀江　龙伟

工程项目管理综合技能实训教程

目 录

工程项目管理综合技能实训教程

目录

第一章　项目管理在本实训设计中的应用

第一节　项目管理的基本概念

项目管理理论的起源可以追溯到远古时期，却是发展于 20 世纪后 30 年的一种先进的管理理论。它是以具体项目的管理为研究对象，通过定性与定量相结合的方法，将一些先进的管理理念和手段引入到日常的项目管理中，极大地提高了项目管理的效率。项目管理理论作为一门学科，具有成熟的理论基础和方法体系，已经在许多实际的项目管理过程中发挥了重要的作用。

项目管理是基于管理学的一个分支学科，指在项目活动执行中运用各种知识技能、方法与工具，使项目能够在有限资源限定的条件下，实现或超过预定的需求和期望所开展的一系列管理活动。

项目管理的对象是所有与顺利达成一系列项目目标相关的活动的整体。其目标主要有项目有关各方对项目本身的要求与期望，项目有关各方从各自利益点出发的不同的要求和期望，项目已识别和未识别的需求和期望。所谓项目管理就是为了实现上述目标所开展的项目组织、计划、控制、领导和协调等相关活动。

第二节　项目管理的知识体系及在本实训中的应用

《项目管理知识体系指南》（PMBOK©指南）将现代项目管理知识体系划分为九个方面，分别是：

1.2.1　项目整合管理

项目整合管理包括识别、定义、组合、统一与协调项目管理过程中的各过程。项目整合管理从本质上来说就是以项目整体的利益最大化为目标全局对项目进行系统性的管理。其目的在于通过综合与协调去管理好项目各方面的工作，确保整个项目的成功。内容主要包括：制定项目章程、制订项目管理计划、指导与管理项目执行、监控项目工作、实施整体变更控制和结束项目阶段。

对通信工程项目管理实训设计做一个整体的规划，对实训的方向，实训内容、实训对象、实训环境、实训的时间安排等做出一个大致的计划。做出一个初步的计划，才能明确本实训设计所需要的信息，便于收集相关资料。否则就像无头苍蝇一般，事倍功半。万事开头难，只有在确定好目标的前提下才能围绕着这些目标，制订出更好的为实现最终目标的行动计划。

1.2.2 项目范围管理

项目范围管理指的是对项目全过程中所涉及的可交付成果的范围，及其工作范围进行全面的识别、确认和控制的管理活动。其目的在于通过成功的界定和控制项目的工作范围与内容，确保项目的成功。主要内容包括：收集需求、定义范围、创建工作分解结构、核实范围和控制范围。

范围管理在本设计中主要体现为对本实训设计提交成果的界定，设计内容必须合理，即是通信工程项目管理实训任务书，分解下来的工作包就是单独的实训，实训难度必须控制在学生能力范围内。实训任务书前半部分由一个整体的通信工程项目的计划进行细分，由学生分组逐步完成通信工程项目计划书。后半部分包括模拟突发事件的应对以及项目绩效考核、项目收尾及其指导老师对实训成果的评定。范围管理所做的就是确保实训内容在目标范围内，不能超出预定目标范围。

1.2.3 项目时间管理

项目时间管理指在确定项目范围后，为了实现项目的最终目标、完成项目范围计划所规定的各项工作所开展的一系列管理活动。其目的在于通过做好项目的工期计划和控制，确保项目的成功。项目时间管理的主要内容包括：项目的活动定义、排列活动顺序、估算活动资源、估算活动持续时间、制订进度计划和控制进度。

项目时间管理主要是对本实训设计的时间进行合理的量化，每一个章节所需要的材料以及完成章节所需的时间，章节的排序，细化至实训内容的确定，实训顺序的设置，实训课程学时的安排，对每个实训所需要的时间做出一个合理的安排。以便于对实训设计在时间上进行管理。

1.2.4 项目成本管理

项目成本管理是指对为完成项目最终目标所开展的各项活动所需要的费用进行估算、预算，并对项目实际发生的成本进行控制使其不超过项目预算的管理过程。其目的是全面管理和控制项目的成本，从而确保项目在批准的预算内完工。主要内容包括：估算成本、制定预算和控制成本。

1.2.5 项目质量管理

项目质量管理包括执行组织确定质量政策、目标与职责的各过程和活动，其目的在于对项目的工作和项目成果进行严格的监控和有效的管理，从而保障最终交付成果满足其预定的质量需求。它通过适当的政策和程序，采用持续的过程改进活动来实施质量管理体系[1]。主要内容包括：规划质量、实施质量保证和实施质量控制。

对本实训设计成果需要达到的要求进行规划，比如实训任务书内容不能够偏离，必须要达到实训所预定的目的。设计要有逻辑性，不能出现内容不全或者遗漏，更不能出现错误。不仅在编写的过程中不能出现错误，在检查过程中也必须仔细全面。

1.2.6 项目人力资源管理

项目人力资源管理包括组织、管理与领导项目团队的各个过程。项目团队由为完成项目而承担不同角色与职责的人员组成。随着项目的进展，项目团队成员的类型和数量可能频繁变化。项目团队成员也被称为项目员工。尽管项目团队成员各有不同的角色和职责，但让他们全员参与项目规划和决策仍是有益的。团队成员尽早参与，既可使他们对项目规划工作贡献专业技能，又可以增强他们对项目的责任感[1]。其目的在于对项目组织和项目所需人力资源进行科学的确定和有效的管理，使得项目团队成员充分地发挥其主观能动性，确保项目的成功。主要内容包括：制订人力资源计划、组建项目团队、建设项目团队和管理项目团队。

人力资源管理主要是对实训指导老师及实训学生的任务及其角色进行安排。合理地对实训中指导老师所需要提供的实训材料和需要解答的疑难进行安排，对实训学生的分组、成员分工进行建议。

1.2.7 项目沟通管理

项目沟通管理包括为确保项目信息及时且恰当地生成、收集、发布、存储、调用并最终处置所需的各个过程。项目经理的大多数时间都用在与团队成员和其他干系人的沟通上，无论这些成员和干系人是来自组织内部（位于组织的各个层级上）还是组织外部。有效的沟通能在各种各样的项目干系人之间架起一座桥梁，把具有不同文化和组织背景、不同技能水平以及对项目执行或结果有不同观点和利益的干系人联系起来[1]。其目的在于对项目所需的信息和项目利害关系人之间的沟通进行有效的管理，确保项目的成功。主要内容包括：识别干系人、规划沟通、发布信息、管理干系人期望和报告绩效。

沟通管理主要体现在跟指导老师以及其他学生的交流上，以及实训期间跟通信工程项目管理相关的同事之间。主要是从他们那里获取通信工程项目管理相关的一些信息和做通信工程管理实训设计的一些要求等。通过与他们的交流，整个实训设计的基本构架才一步步地清晰。保持良好的沟通可以算是做好这个实训至关重要的一点，至少在同学个体能力范围之外的东西能够通过他们得到补充。

1.2.8 项目风险管理

项目风险管理是指项目团队通过采取有效措施，使项目风险处于控制中或者对项目产生的影响最小化。其目的在于对项目所面临的风险进行有效地识别、控制和管理，确保项目的顺利进行。主要内容包括：风险规划、风险识别、风险度量、规划风险应对和监控风险。

1.2.9 项目采购管理

项目采购管理是指在项目执行的全过程对项目从外部寻求和采购的材料、器械和劳务等各种所需资源的管理过程。其目的在于对项目所需的物资资源和劳务的获得与使用进行有效的管理，确保项目的成功。主要内容包括：规划采购、实施采购、管理采购和结束采购。

项目管理过程组图见图 1-1 至图 1-6。

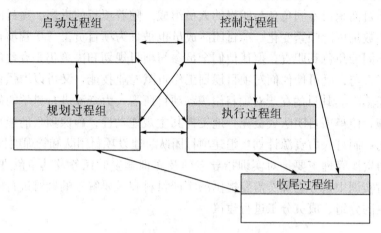

图 1-1　项目管理过程组间关系图

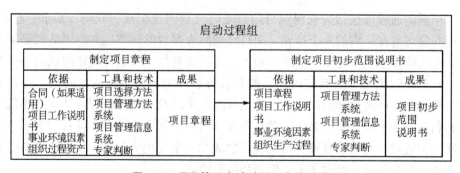

图 1-2　项目管理启动过程组内关系图

启动过程组					
制定项目章程			制定项目初步范围说明书		
依据	工具和技术	成果	依据	工具和技术	成果
合同（如果适用） 项目工作说明书 事业环境因素 组织过程资产	项目选择方法 项目管理方法系统 项目管理信息系统 专家判断	项目章程	项目章程 项目工作说明书 事业环境因素 组织生产过程	项目管理方法系统 项目管理信息系统 专家判断	项目初步范围说明书

图 1-3　项目管理收尾过程组内关系图

收尾过程组					
项目收尾			合同收尾		
依据	工具和技术	成果	依据	工具和技术	成果
项目管理计划 合同文件 事业环境因素 组织过程资产 工作绩效信息 可交付成果	项目管理方法系统 项目管理信息系统 专家谈判	行政收尾程序 合同收尾程序 最终产品、服务或成果 组织过程资产（更新）	采购管理计划 合同管理计划 合同文件 合同收尾程序	采购审计 合同档案管理系统	合同收尾 组织过程资产（更新）

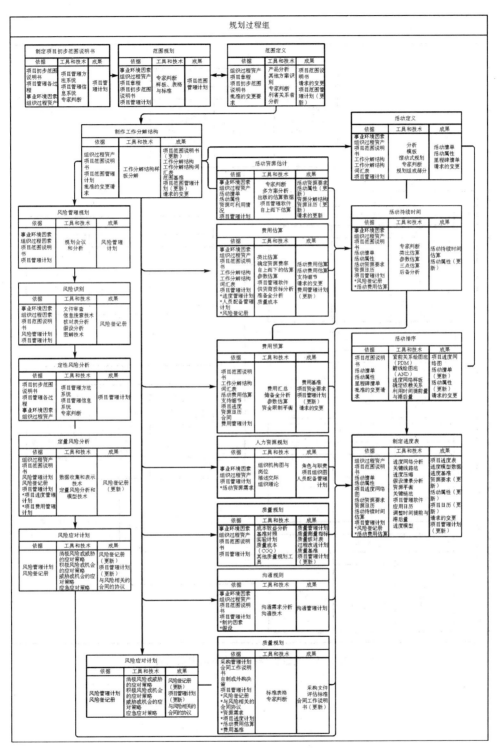

图 1-4　项目管理规划过程组内关系图

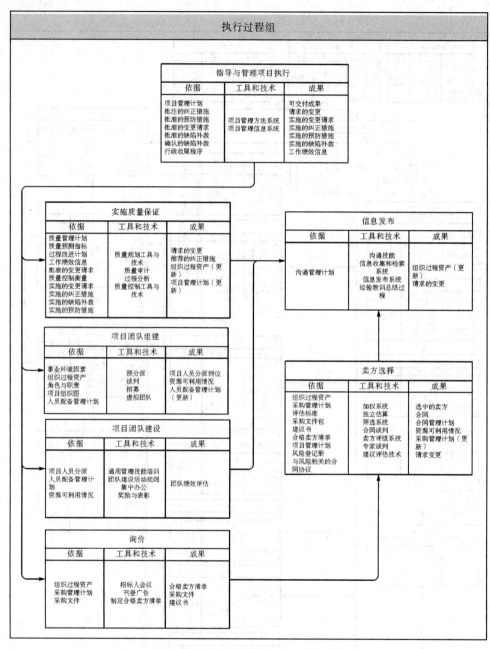

图 1-5　项目管理执行过程组内关系图

工
程
项
目
管
理
综
合
技
能
实
训
教
程

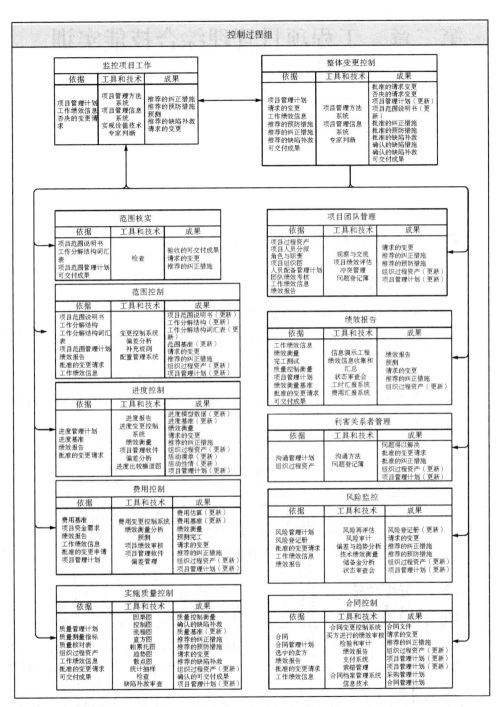

图 1-6　项目管理控制过程组内关系图

第二章 工程项目管理综合技能实训设计

第一节 实训课程基本要求

2.1.1 基本要求

（1）学生根据每次实训指导完成实训任务。

（2）每次实训按小组进行，每小组选出一名同学担任组长即项目负责人，组员在小组长的领导下积极配合小组长完成实训任务。

（3）各小组按要求递交小组成员评分和正式的汇审规划文本。

（4）实训指导老师全程指导监控实训进程，提供必要的实训环境和实训资料，并对实训小组进行评定。

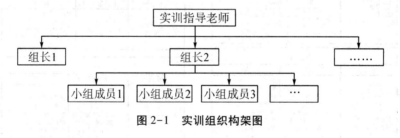

图2-1 实训组织构架图

2.2.2 分组和配合

本实训实行小组形式，每组人数为5~10人，最多不超过10人。

每组选出一位组长作为项目经理，其他成员作为项目成员。

项目经理负责任务的分配，编制过程的控制，各分计划的协调和汇总，讨论会议的组织和相应分计划的起草和修改。

项目人员服从项目经理的任务分配和过程协调，完成分计划的起草和修改，参加讨论会议，提交最终的分计划。

第二节 课程性质与实训课时安排

课程性质：工程管理专业必修。

表 2-1 　　　　　　　　实训基本课时设置安排表

序号	实训名称	实训学时	实训内容提要	教学方法	教学要求
实训一	明确实训任务	2	实训指导老师将实训资料上传到服务器,并收集实训分组信息。实训学生对实训要求以及实训所需要提交的实训成果进行明确,了解实训流程。	老师指导	了解
实训二	制定项目章程	2	了解项目章程的作用、内容以及格式,然后按照实训材料编制项目章程。	老师指导	掌握
实训三	人力资源计划及控制	2	了解项目干系人的重要性,对项目干系人进行识别,对项目人员和实训小组成员进行规划。	老师指导	掌握
实训四	工作范围计划	2	了解项目范围计划的作用,按照要求编制项目范围说明书。	老师指导	掌握
实训五	WBS 工作分解结构和工作包说明	2	回顾 WBS 工作结构分解的步骤与注意事项,工作包说明的要点,然后对实训项目进行工作结构分解和工作包说明。	老师指导	掌握
实训六	成本规划		回顾项目成本计划所包含的内容,对成本控制的一些工具进行学习,根据要求编制成本预算表。	老师指导	掌握
实训七	质量与风险规划	2	了解质量与风险规划的内容与步骤,根据实训要求编制项目质量基准表与风险登记册、风险应对规划表。	老师指导	掌握
实训八	沟通规划		了解项目沟通的重要性,按要求对项目沟通矩阵表进行编制。	老师指导	掌握
实训九	采购与合同规划	2	了解采购计划与合同管理在项目中的重要性,对采购计划表进行填写。	老师指导	掌握
实训十	制订进度计划	2	将项目活动进行逻辑排序,绘制出网络图与甘特图。	老师指导	掌握
实训十一	项目计划书成果展示与点评	4	实训学生将项目计划书进行展示,指导老师进行评定。	老师指导	掌握
实训十二	重大突发性事件应对模拟	2	根据实训指导老师所给的突发事件进行突发事件应对模拟。	老师指导	掌握
实训十三	收集工作绩效信息与报告绩效	2	填写工作绩效报告。	老师指导	掌握
实训十四	核实范围	2	对项目所提交的可交付成果进行检查,看是否符合项目基准计划。	老师指导	掌握
实训十五	结束项目	2	对项目进行验收,将项目有关文档进行整理并提交给实训指导老师。	老师指导	掌握
实训十六	成果展示与评定	4	实训小组对实训成果进行展示,并对实训的心得进行交流,实训指导老师对所提交的成果进行评定。	老师指导	掌握

第三节 指导老师任务与流程

2.3.1 指导老师任务

在实训前应该安排好实训地点，确认实训室的容量是否满足学生人数的需求。将实训相关资料上传到实训室服务器。对实训小组成员进行登记。对一些相关的知识要点进行讲解。全程控制实训秩序以及实训进度。对学生所提交的成果进行客观公正的评价，指出其优点与不足之处以及修改方法。

2.3.2 实训的流程

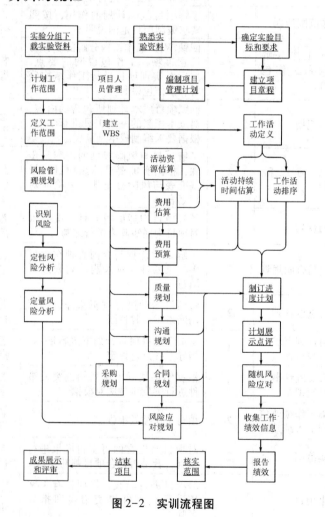

图 2-2 实训流程图

2.3.3 实训的进度安排

实训进度安排如表 2-2 所示：

实训进度安排

表2-2

序号	实训名称	进度															
		2	4	6	8	10	12	14	16	18	20	22	24	26	28	30	32
1	明确实训任务																
2	制定项目章程																
3	人力资源计划及控制																
4	工作范围计划																
5	建立 WBS 和工作包说明																
6	成本规划																
7	质量与风险规划																
8	沟通规划																
9	采购与合同规划																
10	制订进度计划																
11	项目计划书成果展示与点评																
12	重大突发性事件应对模拟																
13	收集与报告绩效																
14	核实范围																
15	结束项目																
16	成果展示与评定																

第四节　考核办法

本实训任务书包含两次指导老师评定，第一次是在做完项目进度计划之后，第二次即在实训课程最后一次课，需要对学生进行综合成绩评定。按学生动手和理论分析能力以及实训所提交的成果按百分制评价。

最终成绩=小组内完成质量排序与完成工作量打分+规划方案打分+个人总结打分。

第三章　工程项目管理实训内容

实训一　明确实训任务与虚拟工程项目

一、实训背景

本实训是学生学完工程项目管理、项目概预算、项目计划与控制、工程管理案例、工程项目招投标管理、合同管理、工程估价等相关专业课程后进行的一次综合性训练。设计内容为编制一份通信工程项目的完整项目计划书，主要包括工作结构分解、进度计划安排、计划成本编制、质量计划、采购计划、组织结构、合同结构、沟通计划和风险计划等内容。

本实训的目的是让学生通过实际编制项目计划书，综合运用项目管理的理论知识和操作方法，初步掌握建筑工程项目的全过程计划和控制思路、流程和步骤，培养独立动手能力和团队合作的意识，以及全盘思考和综合协调的能力。

二、实训操作提示

本次实训的操作形式是编制一份工程项目（虚拟中小型通信类或土建工程项目）的全过程项目管理计划书及项目实施相关文档，具体说明如下：

本实训实行小组形式，每组人数为 5~10 人，最多不超过 10 人。

每组选出一位组长作为项目经理，其他成员作为项目成员。

项目经理负责任务的分配，编制过程的控制，各分计划的协调和汇总，讨论会议的组织和相应分计划的起草和修改。

项目人员服从项目经理的任务分配和过程协调，完成分计划的起草和修改，参加讨论会议，提交最终的分计划。

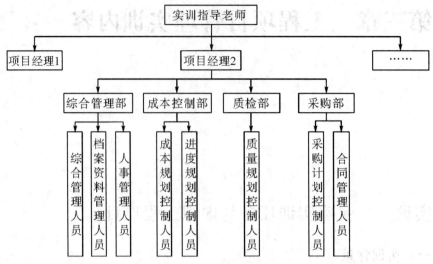

图 3-1　实训典型示例分组结构图

三、实训材料

见参考资料1《××小区宽带接入工程项目建议书》。

四、实训需提交的成果

（1）每组提交一份完整的《×××工程项目计划书》，在各个相关实训完成后进行整理，实训十一时需要展示，计划书必须包括以下内容，但具体顺序和小标题可以自拟：

×××工程项目计划书

1. 项目章程
主要内容包括：
  1.1　项目概况
    1.1.1　项目描述
    1.1.2　项目地点
    1.1.3　项目投资人和业主
    1.1.4　项目经理和业主代表（自拟）
    1.1.5　主要项目阶段
  1.2　项目背景
    1.2.1　主要的项目成果
    1.2.2　项目投资预期收益和受益人
    1.2.3　项目前期筹备情况，包括（但不限于）资金状况和人员状况
    1.2.4　项目的制约条件和依据的假设
  1.3　项目目标
    1.3.1　主要工作范围
    1.3.2　工期
    1.3.3　计划成本
    1.3.4　主要的里程碑事件

> 1.3.5　项目成功的标准和衡量标准及允许偏差
>
> 2. 项目实施和管理计划
>
> 主要内容包括：
>
> ①工作范围计划
>
> ②时间进度安排和控制
>
> ③成本计划和控制
>
> ④质量计划和控制
>
> ⑤风险计划和控制
>
> ⑥采购计划和控制
>
> ⑦人力资源计划和控制
>
> ⑧沟通计划和控制

（2）每组按每个实训的要求提交相关的实训任务文档。

（3）每组同时提交一份分工表，内容包括：

①组长和组员名单；

②"项目经理"和各"部门经理"，例如采购经理、合同经理和成本控制经理等，可兼任；

③工作日记，每天的工作内容和进度安排；

④分工情况，即每人的工作及其完成情况，参照"分工和配合"的要求。

实训二　制定项目章程

一、实训背景

制定项目章程的目的在于编制一份正式的书面文件来宣布项目的存在及项目的启动。

项目章程由项目发起人或委托人发布，用来记录项目的目的或批准项目的原因、项目的总体要求、可测量的项目目标和相关的验收标准、主要里程碑、总体预算以及项目发起人对项目的其他原则性要求等。

项目章程的作用：

①赋予项目合法的地位，正式确认项目的启动。

②正式任命项目经理，授权其动用组织资源来开展项目活动。

③粗略地规定项目的范围以及主要的可交付成果。

④明确实施项目的理由，将项目与整个组织的战略计划和日常运营联系起来。

⑤作为项目团队共同遵守的规则，使项目团队对项目有一个总体的了解。

项目章程通常由项目发起人编制或授权项目经理代写，由发起人签字批准，然后分发给相关部门和人员。

二、实训任务及说明

根据本小组所选择的项目资料按照模板格式编制一份项目章程。注意，不同的项目规模和复杂程度有所不同，所编制的项目章程的简易程度也有所差异，但是制定项目章程的大致过程是相同的，所涵盖的内容也大致相同。

下表就本实训涉及内容（以 PMBOK 为准）给出详细说明：

表 3-1   制定项目章程实训任务说明表

本实训涉及内容	对应详细具体信息	要求
所属知识领域	整体	√
所属过程组	启动	√
含义	制定一份正式批准项目或阶段的文件，并记录能反映干系人需要和期望的初步要求的过程	√
所处项目管理过程	制定项目章程	√
随后应进行的项目管理过程	制订项目管理计划	√
项目管理详细任务	选择项目经理	√
	确定公司文化和现存组织形式	√
	收集需要的过程、流程和历史信息	√
	将大项目划分为阶段	
	识别项目干系人	
	书面记录商业需求	√
	确定项目目标	√
	制定项目章程	√
	制定初步范围说明书	
可交付成果	项目章程	√
运用的工具与技术	专家判断	√
角色	项目发起人或委托人	√

三、实训相关附件及模板

表 3-2   项目章程模板表

项目章程		
一	项目名称	写出项目完整的名称
二	项目的重要性	从各个层面论述启动项目的理由，使项目利害关系人知道做这个项目的原因

表3-2(续)

	项目章程	
三	项目目标	
	总目标	概述项目所要达到的总体目标
	分目标	列出支撑总体目标的各个分目标
四	项目范围概述	
	主要的项目范围	概述项目的主要范围
	主要的项目可交付成果	列出项目必须提交的高层次可交付成果
五	项目经理	
	项目经理人选	列出项目经理的姓名及其基本信息
	项目经理的职责	明确项目经理的权力和责任
六	项目利害关系人	列出各利害关系人
七	项目总体进度计划	
	项目开始时间	规定项目开始的时间
	项目结束时间	规定项目结束的时间
	项目主要里程碑	列出在项目执行过程中必须实现的阶段性里程碑及其实现时间
八	项目总体预算	列出项目的总体预算
九	各职能部门应提供的配合	指出各职能部门应在项目执行的过程中给予的各种配合
十	项目审批要求	指出在项目的规划、执行、监控和收尾阶段，应该由谁做出哪些重要的审批
十一	本章程的批准	指出项目章程的批准人（姓名、职务），并由批准人签字盖章，注明批准时间

四、项目章程示例

示例一 通信建设项目

（一）项目名称：2015年乙省某乙市南溪区五纵三横基站配套改造工程

（二）项目背景

目前南溪区乡镇现有宽带覆盖率低，人民生活水平逐渐提高，对网络需求越来越高。目前南溪区城区宽带用户占比80%以上，乡镇只有30%，乡镇的宽带需求量较大，偏远地区宽带不能接入。电信运营商想增加在南溪区的市场份额，增加南溪区乡镇宽带覆盖率，就需要在南溪区新增一个通信站点。

南溪区五纵三横基站现状为：原有运营商1家——中国移动，此次增加1家运营商——中国电信。已安装系统1个，RRU数3个，提供设备总功率3.5千瓦，可安装机位总个数4个，电力引入方式为市电直流引入。

（三）项目目的

在南溪区五纵三横基站改造配套工程中新增一个运营商通信平台，完成后交付中国电信使用。

（四）项目主要工作

南溪区五纵三横基站配套改造工程主要工作是由中国铁塔负责勘察设计工作，在原有 25 米地面美化灯塔上新增一层天线平台，每层平台 3 根天线支臂，3 根 RRU 抱杆，建设机房、基坑，机房配套设施电力电缆、蓄电池、迷你综合机房机柜、环动监控，最后以租用的方式交付中国电信使用，交付期间由中国铁塔负责维护保修工作。

表 3-3　　　　　　　　　　　示例一项目章程表

项目章程		
一	项目名称	2015 年乙省某乙市南溪区五纵三横基站配套改造工程
二	项目的重要性	目前南溪区乡镇现有宽带覆盖率低，人民生活水平逐渐提高，对网络需求越来越高的现象。目前南溪区城区宽带用户占比 80% 以上，乡镇只有 30%，乡镇的宽带需求量较大，偏远地区宽带不能接入。电信运营商想增加在南溪区的市场份额，增加南溪区乡镇宽带覆盖率，就需要在南溪区新增一个通信站点。南溪区五纵三横基站现状：原有运营商 1 家——中国移动，此次增加 1 家运营商——中国电信。
三	项目目标	新增一家运营商平台——中国电信
	总目标	在原有铁塔基础上新增一层通信平台，新建一个机房
	分目标	南溪区五纵三横基站配套改造工程主要工作是由中国铁塔负责勘察设计工作，在原有 25 米地面美化灯塔上新增一层天线平台，每层平台 3 根天线支臂，3 根 RRU 抱杆，建设机房、基坑，机房配套设施电力电缆、蓄电池、迷你综合机房机柜、环动监控，最后以租用的方式交付中国电信使用，交付期间由中国铁塔负责维护保修工作。

工程项目管理综合技能实训教程

表3-3(续)

	项目章程	
四	项目范围概述	南溪区五纵三横基站现状为：原有运营商1家——中国移动，此次增加1家运营商——中国电信。已安装系统1个，RRU数3个，提供设备总功率3.5千瓦，可安装机位总个数为4个，电力引入方式为市电直流引入。在原有25米地面美化灯塔上新增一层天线平台，每层平台3根天线支臂，3根RRU抱杆，建设机房、基坑，机房配套设施电力电缆、蓄电池、迪你综合机房机柜、环动监控的安装，最后以租用的方式交付中国电信使用，交付期间由中国铁塔负责维护保修工作。
	主要的项目范围	在原有25米地面美化灯塔上新增一层天线平台，每层平台3根天线支臂，3根RRU抱杆，建设机房、基坑，机房配套设施电力电缆、蓄电池、mini综合机房机柜、环动监控的安装，最后以租用的方式交付中国电信使用，交付期间由中国铁塔负责维护保修工作。
	主要的项目可交付成果	1. 勘察设计报告 2. 新增一层天线平台，每层平台3根天线支臂，3根RRU抱杆 3. 新建机房 4. 机房配套设施安装
五	项目经理	陈翠
	项目经理人选	陈翠，女
	项目经理的职责	1. 全面负责组织工程项目的施工，主管工程技术部、安全质量部、计划财务部、综合办公室、中心试验室，对项目全权负责。 2. 制定项目管理目标和创优规划，建立完整的管理体系，保证既定目标的实现。 3. 组建精干高效的项目管理班子和施工项目队，搞好项目机构的设置、人员选调及职责分工。 4. 建立严格的经济责任制，强化管理、推动科技进步，搞好成本控制，提高综合经济效益。 5. 沟通项目内外联系渠道，及时妥善处理好内外关系。 6. 接受建设单位、监理单位及上级业务部门的监督指导，及时向建设单位汇报工作。
六	项目利害关系人	勘察设计院、监理方、南溪区政府、中国电信、设备供应商、承包商

表3-3(续)

	项目章程	
七	项目总体进度计划	勘察设计阶段-招标阶段-投资建设-竣工验收-试运营
	项目开始时间	2015/9/30
	项目结束时间	2016/7/11
	项目主要里程碑	里程碑事件: 勘察报告及设计图纸:2015/10/29 签约招标合同:2015/11/21 设备测试:2016/6/15 竣工结算:2016/7/11
八	项目总体预算	总体预算:61 166.95 元 设备购置费:41 923.2 元 施工费:4 463.16 元 选址费:1 500 元 建设用地及综合补偿费:3 000 元 工程建设其他费:7 000.11 元 其他投资:3 280.47 元
九	各职能部门应提供的配合	财务部:清晰明确地制定财务支出情况,定期汇报财务工作,做好上下两级的交接工作,并及时与下属沟通,征求意见。为使财务信息更加分明正确做出努力。 质检部:通过对在建工程的质量安全问题的检查,及时向上级汇报并制定出适宜的应对对策,同时做好与下层员工的沟通工作,及时了解现场施工情况和质量安全。 成本控制部:对于整个项目的成本控制,要及时了解现场施工情况及市场各类物资的最新价格状态,同时与财务部及相关部门做好沟通,以确保项目顺利完整地实施。 综合管理部:主要是针对人事档案管理,对于各个部门的人事调动和新成员的加入,都要做好备案工作。同时对各部门物资上的需求信息也应该及时掌握,并能够根据情况合理分配。必须和各个部门及时沟通,保证工作的完成和公司正常的运营。
十	项目审批要求	1. 立项审批 2. 招投标审批 3. 设备采购审批 4. 施工审批 5. 设备安装审批 6. 竣工结算 7. 交付使用
十一	本章程的批准	陈翠、总经理

工程项目管理综合技能实训教程

示例二 土建工程项目

表 3-4　　　　　　　　　　　　示例二项目章程表

项目章程		
一	项目名称	御府中央小区（A2-2/A2-4 地块）建设工程
二	项目的重要性	在政府大力支持城乡结合部的房地产项目的背景下，当地政府招商引资，特地修建一块高档社区。
三	项目目标	建筑物耐火等级为地下室一级，地上为二级，抗震设防烈度为 8 度，地下室防水为一级，屋面防水等级为二级，场地类别为Ⅲ类。框架—剪力墙结构，结构安全等级为二级，结构使用年限为 50 年。工期要求：总工期 353 天。质量等级要求：一次性验收合格。
	总目标	质量合格、工期提前、安全文明施工
	分目标	1. 质量方面：建立完善的质量保证体系，开展全面质量管理，确保工程质量达到设计及国家现行施工及验收规范要求，一次性验收合格。 2. 工期方面：经我司认真研究本工程的特点，以及各分项工程的工程量，并结合我司人、材、机等实力及施工同类型工程的经验，我司保证在 353 天内完成施工任务。 3. 安全生产、文明施工目标 我司将根据国家、市有关安全、文明施工标准要求和我公司职业健康安全管理体系及环境管理体系组织实施，杜绝重伤、死亡事故发生，轻伤负伤率控制在 2‰ 以内，无火灾、机械伤害、中毒事故；安全达标 100%。争创"无事故工程"。
四	项目范围概述	本工程为御府中央小区（A2-2/A2-4 地块）建设工程，位于某甲市西山区，滇池度假区滇池路大坝村。工程由地下一层整体地下室和地上 1、2、3、4、5、6、7、8、9 栋组成。总建筑面积为 75 252.21 平方米，地下室建筑面积 20 827.55 平方米，夹层建筑面积 7 326.92 平方米，上部建筑面积 47 097.79 平方米。
	主要的项目范围	工程由地下一层整体地下室和地上 1、2、3、4、5、6、7、8、9 栋组成。
	主要的项目可交付成果	为保证工程及时投入使用，在办理工程竣工验收的同时，完成工程资料备案，工程资料的报送、移交工作。 1. 相关技术资料和施工管理资料的整理归档。 2. 协助业主进行消防、人防、环保、市政、上水、档案馆、变电等方面的各种验收工作。 3. 提供所有设备厂家的保修服务人员名单及联系方式。 4. 成立专门的移交小组 （1）移交小组积极主动与业主沟通联系，帮助其了解工程情况，向其提供相关资料等，协助业主完成工程交接。 （2）移交小组必须具有极强的服务意识和协作意识，积极与业主进行沟通，及时解决过渡期内出现的各种问题。 5. 编制移交工作计划 （1）移交工作计划包括需移交设备及资料清单、移交时间工作表、项目工程责任人、培训计划等。 （2）移交工作计划编制完成后报监理、业主审核认可后作为指导本工程移交的纲领性文件，以保证本移交工作有条不紊地按计划进行。

表3-4（续）

	项目章程	
	项目经理	范海洋
	项目经理人选	范海洋，一级建造师，10年工作经验
五	项目经理的职责	1. 在总经理领导下，会同有关部门协商组建项目经理部。 2. 对项目施工生产、经营管理工作全面负责。 3. 贯彻实施公司质量方针和质量目标，领导本工程项目进行策划，制定项目质量目标和项目经理部管理职责，确保质量目标的实现。 4. 负责组织各种资源完成本次项目施工合同，对工程质量、施工进度、安全文明施工状况予以控制。 5. 主持召开项目例会，对项目的整个生产经营活动进行组织、指挥、监督和调节。 6. 以企业法人委托人身份处理与工程项目有关的外部关系及签署有关合同等其他管理职权，对总经理负责。
六	项目利害关系人	甲方总工：高世伟　　　　监理：罗莉 项目经理：范海洋　　　　技术负责：陈睿 施工员：张钰松　　　　　造价员：何春颖 资料员：陈丽　　　　　　材料员：刘彦妤
七	项目总体进度计划	工期承诺：确保施工总工期353天（计划开工时间2015年5月15日，计划竣工时间2016年4月20日），保证工程按时竣工交验，若达不到愿意承担相应的违约责任，每延误一天按50万元处罚，我公司若提前完工可根据自身情况向建设方提出受奖，但每天受奖金额最高不超过处罚金额。
	项目开始时间	2015年5月15日
	项目结束时间	2016年4月20日
	项目主要里程碑	在施工过程中，分三个施工段组织流水施工，第一施工段由3、4栋组成；第二施工段由2、5、8、9栋组成，第三施工段由1、6、7栋组成。施工时第一施工段、第三施工段进行交叉流水施工。 （1）施工准备：15天（主要包括现场临时设施布置、主要机械进场安排、施工人员熟悉图纸、计划安排等） （2）测量定位放线：2天 （3）清土至基础垫层62天 （4）地下室底板：20天 （5）地下室顶板：40天 （6）主体结构施工（夹层至屋面最高标高层）：70天 （7）屋面工程：30天（不占关键线路） （8）砌体完成：45天 （9）各栋号施工图内容完成：85天（考虑春节因素） （10）清理、收尾：30天
八	项目总体预算	752 522 100.00元整

表3-4(续)

		项目章程
九	各职能部门应提供的配合	**计划财务部：** (1) 认真执行国家和上级有关部门计划、统计、财务方面的法规、政策，实行统一计划，规划管理，严格财务管理。 (2) 组织编制上级下达的工程项目的年、季、月施工计划，明确任务、产值及形象进度。并及时了解掌握计划的执行情况。 (3) 组织编制工程项目的施工图预算、计算准确，单价有据，取费合理，精心做好索赔工作。做好进度计量计价。 (4) 熟悉各类施工定额，制定工程项目的经济承包责任制，并组织实施。 (5) 及时准确地编制各类统计报表，积极整理工程项目的统计资料和台账，各类工程造价资料保存完整齐全。并认真分析各种统计数据，提出指导性措施意见。 (6) 根据施工组织设计和施工计划，筹备工程所需资金，加强管理，节约资金，确保施工生产顺利进行。 (7) 按合同规定拨付计价款，搞好工程项目的成本核算和竣工决算。
		安全质量部： (1) 贯彻执行国家和上级有关部门质量管理、安全工作的方针政策、法规，制定工程项目的质量管理和安全管理，确保工程质量和施工安全。 (2) 全面负责安全管理和检查工作。设安全监察长，协助项目经理管好安全工作。工程质量的监督检查工作，并配合监理人做好职权范围内的其他工作。全面负责施工质量管理工作。 (3) 根据局、公司及合同的质量方针，制定工程项目的质量计划，并组织实施。对工程全过程的工程质量实行全面监控管理。 (4) 负责施工过程中各工序的质量检查评定和组织阶段性的质量检查评定。抓好创优样板工程，推动工程项目质量提高。 (5) 督促检查工程项目所属单位认真贯彻执行上级指示要求和各项规章制度，坚持按施工程序、技术、质量标准组织施工，对违章操作、蛮干、偷工减料等行为予以坚决纠正，并按规定给予处罚。 (6) 组织质量事故调查分析处理。积极帮助和指导本工程项目施工单位搞好现场管理。
		工程技术部： (1) 贯彻执行国家的技术政策、法令、法规，严格按合同规定的设计文件、标准规范组织施工，确保工程质量。 (2) 组织施工调查，审核工程项目设计文件及现场核对，组织编制项目及重点工程的施工组织设计、组织项目的工程测量。 (3) 参加技术交底和有关签定会议，提出合理的施工方案、审查工程开工报告。 (4) 根据变更设计程序和分工，审查处理有关设计变更事宜。并报请有关部门。 (5) 按设计文件及施工计划向物资设备部门提供所需的材料设备清单，并督促按时间数量要求提供合格的产品。 (6) 组织专业技术人员培训。推广应用"四新技术"，推进科技进步。 (7) 组织实施工程实验及现场计量工作。 (8) 组织竣工文件编制、归档、移交，组织工程项目技术人员编写施工技术总结。

表3-4(续)

			项目章程
九	各职能部门应提供的配合		办公室: (1) 积极宣传和贯彻执行党的路线、方针、政策,认真及时传达、贯彻上级的决议指示,研究安排项目工作中的有关重大事宜,并及时提交有关会议讨论决定。 (2) 全面掌握工程项目的施工情况,协调各部门之间的关系,及时完成上级指示精神。 (3) 协助处理日常工作,做好会议的准备、记录,督促检查会议的贯彻落实情况。 (4) 搞好内外关系,接待来宾、来访、来函,做到热情周到,及时处理,实事求是。 (5) 负责掌握项目经理部及领导印章的使用,严格把关。对公文的收发、传阅及档案资料的保存要及时、准确、登记清楚,严格保密制度。 (6) 负责项目经理分配安排的其他工作。
			生产调试室: (1) 在总工程师的领导下,执行现行的有关国家标准和作业标准,负责生产过程中试验、计量管理工作,并对所作各种试验结果的准确性负责。 (2) 负责物质采购后的抽样或物资人员送检的试验,并提出质量检验报告单。 (3) 负责试验设备的检定、校验、维护、保养,并保证能满足试验精度要求。 (4) 根据设计配合比选定混凝土、砂浆施工配合比,填发施工配合比配料单,经项目总工签字确认后交付施工,并视环境、浇注现场情况变化及时调整施工配合比。 (5) 按照规范制作试件,进行养护及检验。 (6) 负责对试验数据进行统计分析,并为质量分析会提供质量分析报告;及时做好试验原始数据的整理、保管和报表工作。 (7) 参加有关工程质量事故的调查分析会,并提出处理措施。
			物资设备部: (1) 贯彻执行国家、上级及局、公司有关物资、设备方面的方针政策、法规、规定,制定工程项目的物资设备管理标准和规章制度。 (2) 按施工组织设计和施工进度计划调配、采购、管理工程项目的施工设备和施工器材及合同内的设备和工程材料,并按施工技术部门提供的材料、设备清单及时组织供应,确保施工需要。 (3) 掌握物资、设备动态、数量和技术指标状况及安全状况,并负责监督检查、做好标识,及时隔离不合格品。 (4) 负责工程项目物资设备采购、运输、管理,做好工程材料的保管使用和机械设备的使用、保修、保养工作。
			施工部: 及时更新施工的进度和完成项目; 按照施工计划安全及时地完成相关的施工任务。
			材料部: 要及时地安排好项目所需要的材料,并合理地安排所放置的位置,便于塔吊作业; 要随时更新现场的材料库存,并及时地订购所需要的材料,以保证工程项目的正常运行; 与供应商合理地沟通,并按照需要及时把材料运进施工现场,满足施工部门的需求。
			安全部: 时刻在施工现场巡视,及时发现不安全因素并加以改善; 检查施工现场是否按要求挂安全施工标志,检查安全文明施工是否合理; 与施工现场及时沟通,并保证施工人员的基本安全; 保证施工现场的安全用电,卫生用水等;保证工作人员的基本生活安全。

工程项目管理综合技能实训教程

表3-4(续)

		项目章程	
十	项目审批要求	项目的立项批复：发改委 项目的规划：规划局 执行：昆明三建 监控：昆明正阳监理公司 收尾：住建委	
十一	本章程的批准	同意　签字：王艳伟　日期：　2014/10/8	

实训三　项目人员管理

一、实训背景

项目干系人又称为项目利害关系人，是指项目当事人或其利益会受到项目影响的个人或组织，还可能包括政府的有关部门、社区公众、竞争对手和合作伙伴等。

识别项目利害关系人是识别在项目执行时或项目完成后受项目影响或能影响项目的所有人员或组织，并记录其影响力。

项目利害关系人的利益会受到项目的影响，同时他们也可能对项目及其可交付成果施加影响。

每个项目都会出现许多利害关系人，他们的利益出发点有所差异。项目经理则需要全程与项目利害关系人处理好关系，以确保项目的顺利进行。

二、实训任务及说明

1. 项目内外利害关系人分析

对项目内部和外部的利害关系人进行分析，请用结构图表示他们之间的关系，并对各方进行说明。

2. 项目组织结构及各方工作职责

画出项目组织结构图，并列表对各方的人数和工作职责进行说明。

3. 项目管理小组组织结构及各方职责

画出项目管理小组组织结构图，并列表对项目经理和各项目成员的工作职责进行说明（即各组员担任的角色）。

表 3-5　　　　　　　　**项目人员管理实训任务说明表**

本实验涉及内容	对应详细具体信息	要求
所属知识领域	沟通	√
	人力资源	√

表3-5(续)

本实验涉及内容	对应详细具体信息	要求
所属过程组	启动	√
	执行	√
含义	识别所有受项目影响的人员或组织，并记录其利益、参与情况和对项目成功的影响	√
	确认可用人力资源并组建项目所需团队	√
所处项目管理过程	识别干系人	
	组建项目团队	
之前管理过程	制定项目章程	
	制订人力资源计划	
随后应进行的项目管理过程	规划沟通	
	建设项目团队	
项目管理详细任务	识别所有受项目影响的人员或组织	√
	分析他们的利益、期望、重要性和影响力，进行排序和分类，以便制定管理策略	√
	评估关键干系人对不同情况可能做出的反应或应对，制定管理策略策划如何对他们施加影响，提高对他们的支持和减轻他们的潜在负面影响	√
项目管理详细任务	确认可用的人力资源	√
	组建最终的项目团队	√
可交付成果	干系人登记册　干系人管理策略	√
	资源日历 项目人员分派 项目管理计划（更新）	√
运用的工具与技术	专家判断 干系人分析	√
	预分派 谈判 招募 虚拟团队	√
角色	项目发起人或委托人	√
	项目经理	√

三、实训相关附件及模板

表 3-6　　　　　　　　项目利害关系人基本信息表

项目利害关系人基本信息表					
项目名称			项目经理		
编制者			编制时间		
序号	项目利害关系人	联络人	电话	电子邮件	地址

表3-6(续)

	项目利害关系人基本信息表			
1				
...				

表3-7 **项目干系人需求/影响表**

项目利害关系人需求/影响表				
项目名称		项目经理		
编制者		编制时间		
序号	项目利害关系人	潜在利益需求	对项目的影响	利益相关程度	对项目的影响程度
1					
...					

表3-8 **项目利害关系人分类/管理策略表**

项目利害关系人分类/管理策略表				
项目名称		项目经理		
编制者		编制时间		
序号	项目利害关系人	利益相关度对项目的影响度	分类	获得支持或减少障碍的策略
1				
...				

四、项目人员管理示例

示例一 通信建设项目

1. 项目团队组织结构及人员名单

表3-9 **示例一项目团队人员与组织结构信息表**

序号	姓名	所属部门	项目工作内容	技能要求
1	陈翠	项目经理	负责各个部门分管的项目,及跟进项目	
2	唐丽	综合管理部	主要负责各部门人事档案及其他后勤事项	
3	韩婕	综合管理部	主要负责各部门人事档案及其他后勤事项	

表3-9(续)

序号	姓名	所属部门	项目工作内容	技能要求
4	邬黎明	财务部	分管各部门支出、工资情况及项目研究和实施经费	
5	王晓晨	财务部	分管各部门支出、工资情况及项目研究和实施经费	
6	罗莎	成控部	主要是为了跟进项目质量、进度和成本	
7	赵益树	质检部	负责项目各个阶段工程量的完成情况和质量检测	
8	代雨	项目技术负责人	负责项目技术工作,主管工程管理部、安全质量部,对工程项目进度、质量负责	

2. 工作职责

项目经理:负责各个部门分管的项目,及跟进重大项目;

(1) 全面负责组织工程项目的施工,主管工程技术部、安全质量部、计划财务部、综合办公室、中心试验室,对项目全权负责。

(2) 制定项目管理目标和创优规划,建立完整的管理体系,保证既定目标的实现。

(3) 组建精干高效的项目管理班子和施工项目队,搞好项目机构的设置、人员选调及职责分工。

(4) 建立严格的经济责任制,强化管理、推动科技进步,搞好成本控制,提高综合经济效益。

(5) 沟通项目内外联系渠道,及时妥善处理好内外关系。

(6) 接受建设单位、监理单位及上级业务部门的监督指导,及时向建设单位汇报工作。

项目技术负责人:

(1) 负责项目技术工作,主管工程管理部、安全质量部,对工程项目进度、质量负责。

(2) 负责有关施工技术规范和质量验收标准及 GB/I9001-2000 标准的有效实施。

(3) 主持编制实施性施工组织设计(含质量计划),并随时检查、监督和落实。

(4) 协助项目经理协调与建设、设计、监理的关系,保证工程进度、质量、安全、成本控制目标的实现。

(5) 组织制定质量保证措施,掌握质量现状,对施工中存在的质量问题组织有关人员攻关、分析原因,制定整改措施和处理方案,并责成有关人员限期改进。

(6) 组织定期工程质量检查和质量评定,指导有关人员进行 QC 小组攻关活动和创优活动，搞好现场质量控制。

（7）根据现场实际情况，优化施工方案，协助项目经理制定保证工程成本不突破报价的主要措施并组织落实。

综合管理部：主要负责各部门人事档案及其他后勤事项。

财务部：分管各部门支出、工资情况及项目研究和实施经费。

质检部：负责项目各个阶段工程量的完成情况和质量检测。

成为控制部：主要是为了跟进项目质量、进度和成本的控制。

3. 项目利害关系人与干系人信息

表 3-10   示例一项目利害关系人基本信息表

项目利害关系人基本信息表					
项目名称	南溪区五纵三横铁塔		项目经理	陈翠	
编制者			编制时间	2015-9-16	
序号	项目利害关系人	联络人	电话	电子邮件	地址
1	项目经理	陈翠	18883286563	124572389@qq.com	
2	质检部长	赵益树	18883282998	198467289@qq.com	
3	综合管理部部长	唐丽	18883287344	142694642@qq.com	
4	成本控制部部长	罗莎	18883287902	148245534@qq.com	
5	项目技术负责人	代雨	18883287352	134527488@qq.com	

表 3-11   示例一项目干系人需求/影响表

项目利害关系人需求/影响表					
项目名称	南溪区五纵三横铁塔		项目经理		
编制者			编制时间		
序号	项目利害关系人	潜在利益需求	对项目的影响	利益相关程度	对项目的影响程度
1	中国电信	运营商租户	项目使用者	30%	15%
2	南溪区政府	增加财政收入	政策支持	5%	10%
3	电信用户	宽带使用者	潜在用户	0%	0%
4	监理单位	工程质量	把控工程质量	10%	25%
5	设计院	设计图纸	提供设计方案	10%	10%
6	建设单位	项目建设	工程建设	45%	40%

表 3-12　　　　　　示例一项目利害关系人分类/管理策略表

项目利害关系人分类/管理策略表

项目名称	南溪区五纵三横铁塔		项目经理	
编制者			编制时间	

序号	项目利害关系人	利益相关度 对项目的影响度	分类	获得支持或减少 障碍的策略
1	南溪区政府	5 * 10	政府	政策支持
2	建设单位	45 * 40	工程建设	
3	中国电信	30 * 15	运营商租户	建立长期合作关系, 提高网络容量
4	监理单位	10 * 25	监理方	
5	设计单位	10 * 10	设计单位	

示例二　土建工程项目

表 3-13　　　　　　示例二项目利害关系人基本信息表（内部）

项目利害关系人基本信息表

项目名称	御府中央小区 （A2-2/A2-4 地块）建设工程	项目经理	范海洋
编制者	范海洋	编制时间	2014-10-8

序号	项目利害关系人	联络人	电话	电子邮件	地址
1	甲方总工程师	高世伟	13618322233	415422@qq.com	某甲市
2	监理工程师	罗莉	13618338896	45115446@qq.com	某甲市
3	项目经理	范海洋	15311808613	1770883398@qq.com	某甲市
4	技术负责	陈睿	13618377123	688474@qq.com	某甲市
5	施工员	张钰松	13618378912	97420664@qq.com	某甲市
6	造价员	何春颖	13618232261	4895461@qq.com	某甲市
7	资料员	陈丽	13618338877	134657984@qq.com	某甲市
8	材料员	刘彦妤	13618997561	3451541@qq.com	某甲市

表 3-14　　　　　　　　示例二项目利害关系人基本信息表（外部）

项目利害关系人基本信息表					
项目名称	御府中央小区（A2-2/A2-4 地块）建设工程			项目经理	范海洋
编制者	范海洋			编制时间	2014/10/13
序号	项目利害关系人	联络人	电话	电子邮件	地址
1	甲省建委住房建设处主任	张兴魁	13618325634	562422@qq.com	某甲市
2	甲省规划局副主任	谢代宗	13618335767	89115446@qq.com	某甲市
3	甲省质监站主任	何航	15311808941	210883398@qq.com	某甲市
4	甲省第一自来水公司综合办公室主任	胡兴雄	13618374648	89474@qq.com	某甲市
5	甲省环保局办公室主任	吴建红	13618377774	73420664@qq.com	某甲市
6	甲省某甲市消防局	杨志义	13618231514	1395461@qq.com	某甲市
7	甲省质监局副局长	徐赟	13618337886	244657984@qq.com	某甲市
8	用户代表	银熊岳	13618995654	8351541@qq.com	某甲市

表 3-15　　　　　　　　示例二项目干系人需求/影响表

项目利害关系人需求/影响表					
项目名称	御府中央小区（A2-2/A2-4 地块）建设工程			项目经理	范海洋
编制者	范海洋			编制时间	2014-10-13
序号	项目利害关系人	潜在利益需求	对项目的影响	利益相关程度	对项目的影响程度
1	甲方总工程师	对整个项目进度进行督促、阶段性验收	对项目的资金、进度、验收做统筹安排	4	4
2	监理工程师	对隐蔽工程和阶段性工程进行验收	对项目质量、安全有直接影响	3	3
3	项目经理	对华夏中央小区 9 个栋号别墅的施工、人员组织、工种协调、机械调配进行管理	对项目的进度、安全、协调、组织进行具体安排	5	5
4	技术负责	认真贯彻执行国家有关法律、法规制度，配合项目经理组织该项目的有关事项	协助项目经理对施工员进行技术交底	4	4

表3-15（续）

		项目利害关系人需求/影响表			
5	施工员	施工员可以获取一定的报酬，体现自己的工作能力，累积施工知识与经验	按照设计图纸进行施工	5	5
6	造价员	负责投标报价、施工预算竣工结算价格的编制	对工程费用做合理预算	4	4
7	资料员	负责工程项目资料等档案的收集和管理，参加分部分项工程的验收工作	对资料的完整性负责	3	3
8	材料员	材料员可以获取一定工作报酬，体现自己的工作管理能力，累积材料采购及管理的工作经验，为将来材料采购、入仓、出仓等管理环节奠定基础	以合适的价格采购所需的材料，按时按量跟进项目进度，对材料的成功管理提供保障	3	3

注：数字越大代表相关程度越高，影响程度越大。

表 3-16　　　　　示例二项目利害关系人分类/管理策略表

项目利害关系人分类/管理策略表					
项目名称	御府中央小区（A2-2/A2-4地块）建设工程			项目经理	范海洋
编制者	范海洋			编制时间	2014-10-13
序号	项目利害关系人	利益相关度对项目的影响度	分类	获得支持或减少障碍的策略	
1	甲方总工程师	16	B	按进度提供资金款	
2	监理工程师	9	B	加大检查力度	
3	项目经理	25	A	将施工进度汇报给甲方，合理安排施工步骤	
4	技术负责	16	A	提供全方位的技术支撑	
5	施工员	25	A	及时和项目经理沟通，严谨按照图纸施工减少施工误差	
6	造价员	16	A	合理把控预算	
7	资料员	9	A	认真编制资料、分部分项合同	
8	材料员	9	A	合理调度现场材料	

实训四　工作范围计划

一、实训背景

定义范围重点在于编制项目范围说明书，以便明确项目的最终成果，以及实现项目目标所需要执行的所有工作。

项目范围是对项目章程中的项目总体范围的细化。

通过项目范围说明书，能使项目利害关系人对项目边界有一个明确的共识，为后续的各种有关项目的决策奠定必要的基础。同样，如果项目边界不明确，也就不能确定项目的具体实施内容，对项目进度、成本和质量等的计划的编制造成影响。

项目范围说明书通常由项目经理带领项目团队，以项目章程和项目需求情况为依据，编制项目范围说明书。

二、实训任务及说明

对于界面工作的定义和划分，要根据合同和组织结构，合理进行。注意考虑管理工作和不同技术界面的工作。

表 3-17   工作范围计划实训任务说明表

本实验涉及内容	对应详细具体信息	要求
所属知识领域	范围	√
所属过程组	规划	√
含义	制定项目和产品详细描述	√
所处项目管理过程	定义范围	√
之前管理过程	收集需求信息	
随后应进行的项目管理过程	制定工作分解结构（WBS）	√
项目管理详细任务	创建项目范围说明书，其内容包括以下内容	
	产品范围描述	
	产品验收标准	
	项目可交付成果	
	项目的除外责任	√
	项目制约因素	
	项目假设条件	
可交付成果	项目范围说明书	√
运用的工具与技术	专家判断引导式讨论会产品分析备选方案识别	√
角色	项目经理及团队	√

三、实训相关附件及模板

表 3-18   项目范围说明书

项目范围说明书

表3-18(续)

项目范围说明书		
项目名称		项目经理	
编制者		编制时间	
一	项目范围描述	初步细化项目章程中所描述的项目成果,详细说明项目成果应具备的功能设备
二	项目验收标准	说明项目成果的主要验收过程和验收标准
三	项目工作范围	确定项目需要完成的工作
四	项目可交付成果	细化项目章程中的可交付成果,供将来在"创建工作分解结构过程"中进一步细化
五	项目除外责任 (例外工作)	明确指出那些不属于项目范围内的、但干系人可能误以为是项目的一部分的工作,以便防止干系人对项目产生不切实际的期望
六	主要制约因素	列出一些主要的制约因素,即限制项目团队的选择余地的因素
七	主要假设条件	列出一些主要的假设条件,即假设为真实的前提条件

四、范围说明书示例

示例一 通信建设项目

1. 工作的定义及划分

综合管理部:主要负责各部门人事档案及其他后勤事项。

财务部:分管各部门支出、工资情况及项目研究和实施经费。

质检部:负责项目各个阶段工程量的完成情况和质量检测。

成本控制部:主要是为了跟进项目质量、进度和成本的控制。

2. 项目范围说明书

表 3-19 示例一 项目范围说明书

项目范围说明书		
项目名称	南溪区五纵三横铁塔	项目经理	陈翠
编制者		编制时间	2015-9-18
一	项目 范围 描述	拟对南溪城区以及各乡镇的基站,进行基站扩容。改造站点经度104.967 22,纬度28.841 27,在南溪区各乡镇建设机房、基坑,电力引入方式为市电直流引入,为电信运营商提供通信设备安装平台。 在原有25米地面美化灯塔上新增一层天线平台,每层平台3根天线支臂,3根RRU抱杆,建设机房、基坑,机房配套设施电力电缆、蓄电池、迷你综合机房机柜、环动监控,最后以租用的方式交付中国电信使用,交付期间由中国铁塔负责维护保修工作。

表3-19(续)

		项目范围说明书
二	项目验收标准	活动机房检查 活动机房基础：是否按规范要求做好基础 板块搭接：机房所用的板块材料是否满足耐冲击、抗老化、无毒、阻燃 墙体与基础搭接：板块搭接部分钢板需用拉式铆钉连接，屋面板、墙板两板接缝处采用企口式 墙体厚度：大于等于100毫米 机房内照明：机房的照明，光源应为冷光，灯具应为节能型灯具。电源线用线槽敷设 室内布线：按空调、照明、插座三类线路独立布线，布线形式采用线槽敷设，横平竖直 其他土建部分 新建机房接地极：接地系统埋设在房屋建筑旁，引入机房部分预留在外 野外机房围墙：2.5米高，24型墙，37型柱，顶置碎玻璃 排水沟：围墙内是否修建排水沟，排水要求畅通 堡坎：是否符合要求 挡水板：围墙大门上方是否设置挡水板，挡水板是否符合要求 其它检验标准：略
三	项目工作范围	在南溪区五纵三横基站现状，原有运营商1家——中国移动，此次增加1家运营商——中国电信。已安装系统1个，RRU数3个，提供设备总功率3.5千瓦，可安装机位总个数4个，电力引入方式为市电直流引入。南溪区基站扩容，提供通信设备安装平台，在原有25米地面美化灯塔上新增一层天线平台，每层平台3根天线支臂，3根RRU抱杆，建设机房、基坑，机房配套设施电力电缆、蓄电池、迷你综合机房机柜、环动监控，最后以租用的方式交付中国电信使用，交付期间由中国铁塔负责维护保修工作。
四	项目可交付成果	1. 勘察设计报告 2. 新增一层天线平台，每层平台3根天线支臂，3根RRU抱杆 3. 新建机房 4. 机房配套设施安装
五	项目除外责任（例外工作）	项目后期的设备维护及工程项目保修
六	主要制约因素	1. 地理因素：南溪区地势北高南低，地貌以丘陵为主，间有平坝，海拔高度254～592.3米。可能给施工带来一定的阻碍。为此，要做好施工前准备。 2. 人文因素：基站有辐射，建设时可能遇到附近居民的阻挠。为此，必须事先与居民做好沟通。
七	主要假设条件	施工时，不受到附近居民的阻挠 资金按时到位，否则将造成项目延误 各部门之间按章程的要求提供支持 设备可以按时到位等

第三章 工程项目管理实训内容

示例二 土建工程项目

表 3-20　　　　　　　示例二 项目范围说明书

项目范围说明书			
项目名称	御府中央小区（A2-2/A2-4 地块）建设工程	项目经理	范海洋
编制者	范海洋	编制时间	2014/10/13
一	项目范围描述	本工程为御府中央小区（A2-2/A2-4 地块）建设工程，位于某甲市西山区，滇池度假区滇池路大坝村。工程由地下一层整体地下室和地上 1、2、3、4、5、6、7、8、9 栋组成。总建筑面积为 75 252.21 平方米，地下室建筑面积 20 827.55 平方米，夹层建筑面积 7 326.92 平方米，上部建筑面积 47 097.79 平方米。其中：1 栋夹层建筑面积 635.22 平方米，地上建筑面积 4 060.07 平方米；2 栋夹层建筑面积 852.05 平方米，地上 5 425.96 平方米；3 栋、4 栋夹层建筑面积 415.82 平方米，地上 2 710.08 平方米；5 栋夹层建筑面积 632.64 平方米，地上 4 077.31 平方米；6 栋夹层建筑面积 892.7 平方米，地上 5 412.14 平方米；7 栋夹层建筑面积 920.45 平方米，地上 4 631.16 平方米；8 栋、9 栋夹层建筑面积 1 281.11 平方米，地上 6 137.46 平方米）。本工程 ±0.000=1 889.35，为中高层住宅，基础形式为桩承台筏板基础，结构为框剪结构，各栋号均为地下 1 层，主楼部分含一夹层，地上 8 层，建筑高度 23.9 米。建筑物耐火等级为地下室一级，地上为二级，抗震设防烈度为 8 度，地下室防水为一级，屋面防水等级为二级，场地类别为 Ⅲ 类。框架—剪力墙结构，结构安全等级为二级，结构使用年限为 50 年。工期要求：总工期 353 天。质量等级要求：一次性验收合格。
二	项目验收标准	《建筑工程施工质量验收统一标准》GB50300-2001 《建筑电气工程质量检验评定标准》GB50303-2002 《建筑施工安全检查标准》JGJ59-2011 《施工现场临时用电安全技术规程》JGJ46-2005 《建筑施工扣件式钢管脚手架安全技术规程》JGJ130-2011 本公司质量保证体系（ISO9001-2000），职业健康安全管理体系（GB/T28001-2001），环境管理体系（ISO24001-2004）。
三	项目工作范围	1. 施工原则：遵行先地下，后地上；先结构再围护；先土建后安装；先主体再装修。主体施工期间，安装预留预埋配合；围护装修期间，按照土建与安装穿插交叉进行的原则施工。 2. 施工段划分与流水组织 在地下室施工过程中，分三个施工段组织流水施工，第一施工段由 3、4 栋组成，第二施工段由 2、5、8、9 栋组成，第三施工段由 1、6、7 栋组成。施工时第一施工段、第三施工段交叉进行流水施工。
四	项目可交付成果	相关技术资料和施工管理资料的整理归档。协助业主进行消防、人防、环保、市政、上水、档案馆、变电等方面的各种验收工作。 提供所有设备厂家的保修服务人员名单及联系方式。移交小组积极主动与业主沟通联系，帮助其了解工程情况，向其提供相关资料等，协助业主完成工程交接。移交小组必须具有极强的服务意识和协作意识，积极与业主进行沟通，及时解决过渡期内出现的各种问题。 移交工作计划包括需移交设备及资料清单、移交时间工作表、专项工程责任人、培训计划等。移交工作计划编制完成后报监理、业主审核认可后作为指导本工程移交的纲领性文件，以保证本工程移交工作有条不紊地按计划进行。 在完成上述资料准备及人员培训工作后，我们将根据移交计划有步骤地分部位、分系统将本工程向管理部门移交。

工程项目管理综合技能实训教程

表3-20(续)

		项目范围说明书
五	项目除外责任（例外工作）	一种是分别设计工程项下的物质损失和第三者责任的除外责任 一种是先设计一个总除外责任 1. 物质损失部分的除外责任 ①设计错误引起的损失和费用 ②自然磨损、内在或潜在缺陷、物质本身变化、自燃、自热、氧化、锈蚀、渗漏、鼠咬、虫蛀、大气（气候或气温）变化、正常水位变化或其他渐变原因造成的保险财产自身的损失和费用 ③因原材料缺陷或工艺不善引起的保险财产本身的损失以及为换置、修理或矫正这些缺陷或错误所支付的费用 ④非外力引起的机械或电气装置的本身损失，或施工用机具、设备、机械装置失灵造成的机械或装置本身损失 ⑤维修保养或正常检修的费用。但是外来原因引起的机器损失保险人仍负责赔偿 ⑥档案、文件、账簿、票据、现金、各种有价证券、图表资料及包装物料的损失 ⑦盘点时发现的短缺 ⑧领有公共运输行驶执照的，或已由其他保险予以保障的车辆、船舶和飞机的损失 ⑨除非另有约定，在保险工程开始以前已经存在或形成的位于工地范围内或其周围的属于被保险人的财产损失 ⑩除非另有约定，在保险期限终止以前，保险财产中已由工程所有人签发完工验收证书，或验收合格，或实际占有，或已经使用，或已经接收的部分 2. 第三者责任部分的除外责任 ①保险单物质损失项下或本应在该项予以负责的损失及各种费用 ②由于震动、移动或减弱支撑而造成的任何财产、土地、建筑物的损失及由此造成的任何人身伤害和物质损失 ③工程所有人、承包人或其他关系方或他们所雇用的在工地现场从事与工程有关工作的职员、工人以及他们的家庭成员的人身伤亡或疾病 ④工程所有人、承包人或其他关系方或他们所雇用的职员、工人所有的或由其照管、控制的财产发生的损失 ⑤领有公共运输行驶执照的车辆、船舶、飞机造成的事故 ⑥被保险人根据与他人的协议应支付的赔偿或其他款项
六	主要制约因素	1. 工程施工体量大，建筑栋数多（地下1层，地上8层，主楼部分均有一层夹层，共9栋），工期紧（要求353天，且基础施工正处在雨季，而主体施工又跨越春节）。需要周密策划保证施工顺利和业主要求。 2. 本工程地处昆明滇池度假区滇池路大坝村，项目东临15米规划路，南临15米规划路，西临25米规划路，北临A2-1、A2-3地块。设有1层整体地下室，地下室面积大，基坑深，筏板板面标高为-6.20米，需做好降排水工作。 3. 本工程地下室面积大，且为深基坑，故本工程的轴线网及高程的引测及传递显得尤为重要。 4. 本工程施工过程中要经过雨季、冬季。需做好雨季施工及季节性施工措施。 5. 本工程水电、人防施工时必须及时插入，密切与土建配合，预留、预埋位置必须准确，事后不得随意开洞。 6. 工程地点位于某甲市滇池度假区滇池路，临近滇池旅游度假区，且周边为住宅小区，安全文明施工是施工重点。

表3-20（续）

		项目范围说明书
七	主要假设条件	1. 质量方面：建立完善的质量保证体系，开展全面质量管理，确保工程质量达到设计及国家现行施工及验收规范要求，一次性验收合格。 2. 工期方面：经我司认真研究本工程的特点，以及各分项工程的工程量，并结合我司人、材、机等实力及施工同类型工程的经验，我司保证在353天内完成施工任务。 3. 安全生产、文明施工目标。我司将根据国家、市有关安全、文明施工标准要求和我公司职业健康安全管理体系及环境管理体系组织实施，杜绝重伤、死亡事故发生，轻伤负伤率控制在2‰以内，无火灾、机械伤害、中毒事故；安全达标100%。争创"无事故工程"。

实训五 WBS工作分解结构和工作包说明

一、实训背景

工作分解结构的目的在于把项目最终成果逐步细分成较小的更易于管理的组成部分。

工作分解结构（WBS）是项目管理中十分重要的技术工具之一，是项目计划中的一个重要文件。工作分解结构应以最终成果为导向逐层进行分解，由项目目标到项目可交付成果，再细分到项目工作包。工作包是工作分解结构每条分支最底层的要素，也是对项目范围的最详细界定。

创建WBS工作分解结构的主要作用：

①使进度计划、成本计划、质量计划更准确。

②展现出整个项目所要进行的全部工作，以及工作顺序，防止遗漏项目的可交付成果。

③清晰明了项目可交付成果，以便分配工作任务，指定责任人。

④为项目实施、绩效测量和项目控制提供依据。

⑤帮助分析项目的风险。

⑥使项目利害关系人对项目工作有全面深入的了解。

创建WBS工作分解结构通常是由项目经理组织项目管理团队及其项目主要利害关系人，在项目范围说明书的基础上完成的。

工作包说明是用来对工作分解结构中的组成部分进行详细描述。

工作包说明按照PMI《PMBOK指南》中的规定，内容至少应包括工作包编号、工作描述、工作责任方，还可以根据实际需求加入成本估算、所需资源、质量要求、验收标准和采购信息等内容。

二、实训任务及说明

WBS的建立应综合建设阶段分解和要素分解两种方法进行。

通常使用的方法是自上而下逐步分解，并自上而下验证分解的必要性和充分性。注意只能包括完成项目所需的全部工作，不能遗漏也不能多余。基本步骤如下：

①明确项目的最终可交付成果。

②确定工作分解结构的编排方法。

③对未完成项目最终可交付成果而必须提交的主要可交付成果给出定义。

④继续对主要可交付成果进行分解，直至分解到最底层工作包。

⑤为工作分解结构各要素分配编号。

⑥对工作分解结构进行检查和修改，防止遗漏或多余工作的存在。

表 3-21 　　　　　　　WBS 工作分解和工作包实训任务说明表

本实验涉及内容	对应详细具体信息	要求
所属知识领域	范围	√
所属过程组	规划	√
含义	把项目可交付成果和项目工作分解成较小、更易于管理的组成部分的过程	√
所处项目管理过程	制定工作分解结构	√
之前管理过程	定义范围	
随后应进行的项目管理过程	核实范围	√
项目管理详细任务	创建 WBS 和 WBS 字典	
可交付成果	WBS 和 WBS 字典范围基准	√
运用的工具与技术	分解	√
角色	项目经理及项目团队	√

三、实训相关附件及模板

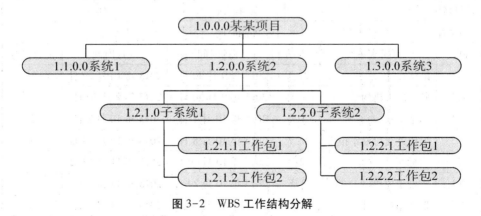

图 3-2　WBS 工作结构分解

表 3-23 工作包说明

工作包说明					
项目名称			项目经理		
编制者			编制时间		
WBS 编号	工作包名称	工作描述	负责人	质量要求	······

四、工作分解及说明示例

示例一 通信建设项目

1. WBS 分解结构图

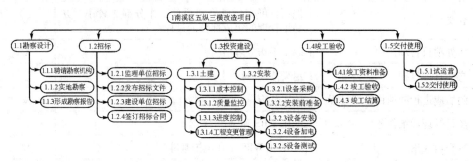

图 3-3 示例一 WBS 分解结构图

2. 工作包说明

表 3-24 示例一工作包说明

工作包说明					
项目名称			项目经理	陈翠	
编制者			编制时间		
WBS	任务名称	工期	开始时间	完成时间	前置任务
1	勘察设计	21 天	2015 年 9 月 30 日	2015 年 10 月 29 日	
1.1	聘请勘察机构	1 天	2015 年 9 月 30 日	2015 年 9 月 30 日	
1.2	实地勘察	5 天	2015 年 10 月 1 日	2015 年 10 月 7 日	2
1.3	形成并交付勘察报告	15 天	2015 年 10 月 8 日	2015 年 10 月 28 日	3
2	招标	11 天	2015 年 10 月 29 日	2015 年 11 月 12 日	
2.1	监理单位招标	3 天	2015 年 10 月 29 日	2015 年 11 月 2 日	4
2.2	发布招标文件	2 天	2015 年 11 月 3 日	2015 年 11 月 4 日	6
2.3	建设单位招标	5 天	2015 年 11 月 5 日	2015 年 11 月 11 日	7
2.4	签招标合同	1 天	2015 年 11 月 12 日	2015 年 11 月 12 日	8
3	投资建设	154 天	2015 年 11 月 13 日	2016 年 6 月 15 日	

表3-24(续)

		工作包说明			
3.1	土建	154 天	2015 年 11 月 13 日	2016 年 6 月 15 日	
3.1.1	成本控制	154 天	2015 年 11 月 13 日	2016 年 6 月 15 日	9
3.1.2	质量监控	154 天	2015 年 11 月 13 日	2016 年 6 月 15 日	12SS, 9
3.1.3	进度控制	154 天	2015 年 11 月 13 日	2016 年 6 月 15 日	13SS, 9
3.1.4	工程变更管理	154 天	2015 年 11 月 13 日	2016 年 6 月 15 日	14SS, 9
3.2	安装	24 天	2016 年 5 月 21 日	2016 年 6 月 23 日	
3.2.1	设备采购	3 天	2016 年 5 月 9 日	2016 年 5 月 12 日	
3.2.2	安装前准备	3 天	2016 年 5 月 12 日	2016 年 5 月 17 日	17
3.2.3	设备安装	15 天	2016 年 5 月 17 日	2016 年 6 月 7 日	18
3.2.4	设备加电	5 天	2016 年 6 月 7 日	2016 年 6 月 14 日	19
3.2.5	设备测试	1 天	2016 年 6 月 15 日	2016 年 6 月 15 日	20, 15FF
4	竣工验收	18 天	2016 年 6 月 16 日	2016 年 7 月 11 日	
4.1	竣工资料准备	5 天	2016 年 6 月 16 日	2016 年 6 月 22 日	21
4.2	竣工验收	10 天	2016 年 6 月 23 日	2016 年 7 月 6 日	23
4.3	竣工结算	3 天	2016 年 7 月 7 日	2016 年 7 月 11 日	24
5	交付使用	62 天	2016 年 7 月 14 日	2016 年 10 月 7 日	
5.1	试运营	60 天	2016 年 7 月 12 日	2016 年 10 月 3 日	25
5.2	交付使用	2 天	2016 年 10 月 4 日	2016 年 10 月 5 日	27

示例二 土建工程项目

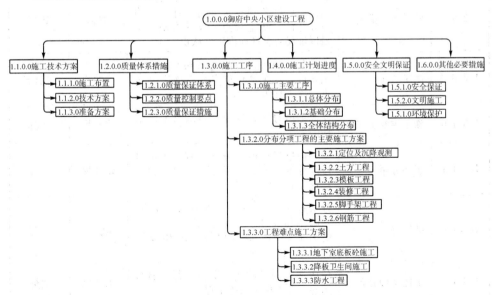

图 3-4 示例二 WBS 分解结构图

表 3-25　　　　　　　　示例二　工作包说明

WBS 编号	工作包名称	工作描述	负责人	质量要求
1.0.0.0	建设工程	通过各方面的协调组织建设整个工程	范海洋	达标
1.1.0.0	施工技术方案	根据合同段时期的实际和工期要求，布置施工方案、技术方案和相应的准备应急方案，各分部分项工程逐一进行	范海洋	达标
1.1.1.0	施工布置	保证运输方便通畅；合理划分施工区域，减少各项施工干扰。满足安全防火、防盗和劳动保护要求。遇突发自然或地质灾害时有必要的安全通道	范海洋	达标
1.1.2.0	技术方案	进度安排、关键技术预案、重大施工步骤预案等	范海洋	达标
1.1.3.0	准备方案	临时设施布置、工地临时用电、工地临时用水、人员和材料准备	范海洋	达标
1.2.0.0	质量体系措施	根据某甲市施工标准进行施工现场规划，按照质量保证体系做到要点控制并进行具体措施的实施	罗莉	达标
1.2.1.0	质量保证体系	施工质量的管理组织是确保工程质量的保证，其设置的合理、完善与否将直接关系到整个质量保证体系能否顺利地运转及操作	罗莉	达标
1.2.2.0	质量控制要点	钢筋工程、模板工程、混凝土工程、外架工程质量、安全方面的控制，保证质量得到控制	罗莉	达标
1.2.3.0	质量保证措施	对全体人员进行质量教育、提高安全意识；做好各项技术准备、对工程的设计意图、施工难点、技术措施、质量保证要有全面而准确的认识	罗莉	达标
1.3.0.0	施工工序	分部分项地进行，首先完成大体的施工要点，其次是对重点难点施工方案进行深入具体的实施	张钰松	达标
1.3.1.0	施工主要工序	完成主体分布、基础分布以及主体结构的分布	张钰松	达标
1.3.1.1	主体分布	主要包括建筑电气分部工程、建筑给排水分部工程、建筑装饰装修工程、建筑屋面工程	张钰松	达标
1.3.1.2	基础分布	包括测量放线，土方清理及承台开挖，基础垫层施工，底板钢筋绑扎，柱、剪力墙插筋，底板模板安装和砼的浇灌	张钰松	达标
1.3.1.3	主体结构分布	包括施工测量放线、模板工程、钢筋工程、砼工程、砌体工程	张钰松	达标
1.3.2.0	分部分项的主要施工方案	包括定位及沉降观测、土方工程、模板工程等的施工方案	张钰松	达标

表3-25(续)

WBS 编号	工作包名称	工作描述	负责人	质量要求
1.3.2.1	定位及沉降观测	通过测量定位、中轴线和标高的垂直传递,工程水准标高点的控制,沉降观测,观测次数、时间及移交来实现	张钰松	达标
1.3.2.2	土方工程	主要是土方开挖、土方回填	张钰松	达标
1.3.2.3	模板工程	支模前的准备工作、模板安装的基本要求、地下室砖胎模、外墙施工缝模板、地下室剪力墙模板、梁模板支法、板模、楼梯支模、模板的拆除	张钰松	达标
1.3.2.4	装修工程	抹灰工程:基层表面处理、做标准灰饼及冲筋、做护角、抹底层砂浆、抹中层砂浆、抹面层、质量检查	张钰松	达标
1.3.2.5	脚手架工程	根据工程进度,同时考虑安全、经济等因素,外架方案为:落地式钢管脚手架,局部采用型钢悬挑片架	张钰松	达标
1.3.2.6	钢筋工程	钢筋的进场检验和验收、钢筋下料、钢筋加工、钢筋连接、底板钢筋施工、柱筋施工、剪力墙筋施工、梁筋施工、板筋施工	张钰松	达标
1.3.3.0	工程难点施工方案	包括地下室底板砼施工、降板卫生间施工以及防水工程的方案	张钰松	达标
1.3.3.1	地下室底板砼施工	施工准备包括技术交底、劳动力安排;泵送砼机具的选择、数量的计算及测温仪器配置、砼的材料选择及砼配合比;浇灌方法:严格按浇灌砼起始及终止方向平行推进,采取一次浇筑,一个坡度、薄层覆盖、循序推进的方法;砼养护	张钰松	达标
1..3.3.2	降板卫生间施工	降板卫生间下沉的排水方式参照《住宅卫生间》01SJ914	张钰松	达标
1.3.3.3	防水工程	地下室防水、屋面防水:找平层施工、泡沫砼找坡层兼保温层施工、防水卷材层施工、用水房间防水	张钰松	达标
1.3.1.0	施工主要工序	做好总体分布、基础分布、全体结构分布	张钰松	达标
1.3.2.0	分项工程的主要施工方法	组织好一系列的施工环节	张钰松	达标
1.3.3.0	工程难点施工方案	组织好防水工程以及降板卫生间施工	张钰松	达标
1.4.0.0	施工进度计划	规定主要施工准备工作和主体工程的开工、竣工和投产发挥效益等工期、施工程序和施工强度的技术,根据进度不断调整计划	张钰松	达标

表3-25(续)

WBS 编号	工作包名称	工作描述	负责人	质量要求
1.5.0.0	安全文明施工保证	以公司经理为首,项目经理为第一责任人的安全生产管理领导小组,遵从国家相关法律法规,制定安全检查制度	罗莉	达标
1.5.1.0	安全保证	牢固树立"安全第一,预防为主"的思想,坚持"管生产必须管安全"的原则,将总目标层层分解到每一个人,并建立严格的经济责任制,充分发挥职工的能动性和积极性	罗莉	达标
1.5.2.0	文明施工	现场围墙及大门、道路及场地、材料堆放、临时设施、文明施工标牌、现场消防措施、保健急救	范海洋	达标
1.5.3.0	环境保护	施工现场噪声控制:主体施工:白天<70分贝,夜间<55分贝。装修施工:白天<65分贝,夜间<55分贝。现场无粉尘,目测做到砂浆搅拌机,木工房、水泥房、砂石料堆场无扬尘	范海洋	达标
1.6.0.0	其他	严格执行操作规程,不得违章指挥和违章作业,施工作业时应正确穿戴个人防护用品等	范海洋	达标

实训六　成本规划

一、实训背景

项目的资源约束决定了要完成项目的可交付成果,在项目执行过程中就必须对资源消耗,即成本进行严格管理。

成本估算就是估计完成项目的各个活动所必需的成本的近似值。估算时,需要考虑将向项目收费的全部资源。项目的成本估算是从项目章程开始的,在项目发起人或项目团队制定项目章程的时候就要估算项目费用。

项目成本计划应包括以下内容:

①劳动力;

②原材料;

③分包商和顾问公司;

④租用的机器设备和工具;

⑤差旅费;

⑥其他费用。

项目成本控制应包括对造成成本基准变化的因素施加影响,以保证这种变化向有利的方向发展;确定实际发生的费用是否已经出现偏差;在出现成本偏差时,分析偏差对项目未来进度的影响,并采取适当的管理措施。

工程项目管理综合技能实训教程

二、实训任务及说明

1. 费用分解结构（EBS）

费用分解结构（EBS）应严格对应于 WBS 建立，并标注 WBS 的编码。该计算过程不要求根据图纸计算工程量求得，可根据项目具体形式，采用经验数据或类似建筑的历史数据（因一般实际项目计划期间，都无法获得施工图纸，只采用经验数值和历史数据）。

成本计划的费用除了建筑和安装两大部分以外，请不要遗漏管理工作成本和风险储备金，因此需要结合风险计划进行调整。

对压缩工期或优化工期的措施成本和资源消耗，也应在对应的成本项目里即时更新。

2. S 曲线

另请选择某一分部工程或者整个项目，绘制 S 曲线。

3. 成本控制措施

应对成本控制的内容和流程做说明，尤其对动态控制的方法和工具进行说明。

表 3-26　　　　　　　　　成本规划实训任务说明表

本实验涉及内容	对应详细具体信息	要求
所属知识领域	成本	√
所属过程组	规划	√
含义	对完成项目活动所需资金进行近似估算	√
	汇总所有单个活动或工作包的估算成本，建立一个经批准的成本基准	√
所处项目管理过程	估算成本	√
	制定预算	√
之前管理过程	估算活动资源	
	估算成本	
随后应进行的项目管理过程	制定成本预算	
	控制成本	
项目管理详细任务（一）	是在某特定时点，根据已知信息所做出的成本预测	
	需要识别和分析可用于启动与完成项目的备选成本方案	
	需要权衡备选成本方案并考虑风险，如比较自制成本与外购成本、购买成本与租赁成本以及多种资源共享方案，以优化项目成本	

表3-26(续)

本实验涉及内容	对应详细具体信息	要求
项目管理详细任务（二）	汇总所有单个活动或工作包的估算成本	
	根据进度计划，建立一个经批准的成本基准	
可交付成果	活动成本估算，估算依据	√
	成本绩效基准 项目资金需求	√
运用的工具与技术	专家判断　自下而上估算　项目管理软件　类比估算　参数估算　三点估算　储备分析	√
	专家判断　自下而上估算　历史数据　项目管理软件　类比估算　参数估算　三点估算　储备分析	√
角色	项目成本经理	√

三、实训相关附件及模板

表 3-27 　　　　　　　　　　　　**活动成本估算表**

活动成本估算表					
项目名称			项目经理		
编制者			编制时间		
序号	活动编号	活动名称	活动持续时间	估算成本	估算依据
1					
...					

表 3-28 　　　　　　　　　　　　**项目成本预算表**

项目成本预算表					
项目名称			项目经理		
编制者			编制时间		
WBS 编号	WBS 要素	估算成本	应急储备	总部管理费	项目预算
	工作包 1				
	……				

四、成本规划示例

示例一 通信建设项目

1. 费用结构分解

表 3-29 示例一项目费用结构分解表（一）

费用结构分解						
项目名称			项目经理			
编制者			编制时间			
WBS	任务名称	工期	开始时间	完成时间	前置任务	成本
1	勘察设计	21 天	2015 年 9 月 30 日	2015 年 10 月 29 日		¥6 600.00
1.1	聘请勘察机构	1 天	2015 年 9 月 30 日	2015 年 9 月 30 日		¥6 000.00
1.2	实地勘察	5 天	2015 年 10 月 1 日	2015 年 10 月 7 日	2	¥0.00
1.3	形成并交付勘察报告	15 天	2015 年 10 月 8 日	2015 年 10 月 28 日	3	¥600.00
2	招标	11 天	2015 年 10 月 29 日	2015 年 11 月 12 日		¥2000.00
2.1	监理单位招标	3 天	2015 年 10 月 29 日	2015 年 11 月 2 日	4	¥0.00
2.2	发布招标文件	2 天	2015 年 11 月 3 日	2015 年 11 月 4 日	6	¥0.00
2.3	建设单位招标	5 天	2015 年 11 月 5 日	2015 年 11 月 11 日	7	¥0.00
2.4	签招标合同	1 天	2015 年 11 月 12 日	2015 年 11 月 12 日	8	¥0.00
3	投资建设	154 天	2015 年 11 月 13 日	2016 年 6 月 15 日		¥10 488.68
3.1	土建	154 天	2015 年 11 月 13 日	2016 年 6 月 15 日		¥3053.00
3.1.1	成本控制	154 天	2015 年 11 月 13 日	2016 年 6 月 15 日	9	¥0.00
3.1.2	质量监控	154 天	2015 年 11 月 13 日	2016 年 6 月 15 日	12SS, 9	¥0.00
3.1.3	进度控制	154 天	2015 年 11 月 13 日	2016 年 6 月 15 日	13SS, 9	¥0.00
3.1.4	工程变更管理	154 天	2015 年 11 月 13 日	2016 年 6 月 15 日	14SS, 9	¥0.00
3.2	安装	24 天	2016 年 5 月 21 日	2016 年 6 月 23 日		¥37 353.68
3.2.1	设备采购	3 天	2016 年 5 月 9 日	2016 年 5 月 12 日		¥10 488.68
3.2.2	安装前准备	3 天	2016 年 5 月 12 日	2016 年 5 月 17 日	17	¥0.00
3.2.3	设备安装	15 天	2016 年 5 月 17 日	2016 年 6 月 7 日	18	¥10 611.00
3.2.4	设备加电	5 天	2016 年 6 月 7 日	2016 年 6 月 14 日	19	¥0.00
3.2.5	设备测试	1 天	2016 年 6 月 15 日	2016 年 6 月 15 日	20, 15FF	¥0.00
4	竣工验收	18 天	2016 年 6 月 16 日	2016 年 7 月 11 日		¥4 725.27
4.1	竣工资料准备	5 天	2016 年 6 月 16 日	2016 年 6 月 22 日	21	¥0.00
4.2	竣工验收	10 天	2016 年 6 月 23 日	2016 年 7 月 6 日	23	¥0.00
4.3	竣工结算	3 天	2016 年 7 月 7 日	2016 年 7 月 11 日	24	¥0.00
5	交付使用	62 天	2016 年 7 月 14 日	2016 年 10 月 7 日		¥0.00
5.1	试运营	60 天	2016 年 7 月 12 日	2016 年 10 月 3 日	25	¥0.00
5.2	交付使用	2 天	2016 年 10 月 4 日	2016 年 10 月 5 日	27	¥0.00

表 3-30　　　　　　　　　示例一项目费用结构分解表（二）

（一）	预估年度租金（元）		
	商户	租金	租金合计
1	移动	0	
2	联通	0	33 512
3	电信	33 512	
（二）	单站投资收益率	0.547 9	
（三）	风压系数	0.35	
（四）	平台或平层数量	1	
（五）	铁塔产权性质	租入	
（六）	铁塔种类	灯杆景观塔	

（七）	铁塔投资估算（元）					
细类	规格类型	单位	单价	数量	合价	备注
灯杆景观塔	28	座	3 018.6	1	3 018.6	新增一层天线平台，每层平台 3 根天线支臂，3 根 RRU 抱杆

（八）	塔基投资估算（元）				
细类	规格类型	单位	单价	数量	合价
		座	2 872.8	1	2 872.8

（九）	地网投资估算（元）				
细类	规格类型	单位	单价	数量	合价
		套	1 000	1	1 000

（十）	机房投资估算（元）				
细类	规格类型	单位	单价	数量	合价
一体化机柜（机房）	1	个	23 725.8	1	23 725.8

（十一）	交流配电屏/箱投资估算（元）				
细类	规格类型	单位	单价	数量	合价
		台			0

（十二）	开关电源（含整流模块）投资估算（元）				
细类	规格类型	单位	单价	数量	合价
		台			0

（十三）	蓄电池投资估算（元）				
细类	规格类型	单位	单价	数量	合价

工程项目管理综合技能实训教程

表3-30(续)

蓄电池	150	Ah	4 153	2	8 306
（十四）	空调投资估算（元）				
细类	规格类型	单位	单价	数量	合价
		台			0
（十五）	动环监控投资估算（元）				
细类	规格类型	单位	单价	数量	合价
		套	3 000	1	3 000
（十六）	施工费（元）				4 463.16
（十七）	选址费（元）				1500
（十八）	建设用地及综合赔补费（元）				3 000
（十九）	工程建设其他费（元）				7 000.11
（二十）	电力引入总费用（元）				0
（二十一）	其他投资（元）				3 280.47
（二十二）	投资总计（元）				61 166.95
（二十三）	场地年租金（元）				0

2. 成本控制

表 3-31　　　　　　　　　　　示例一项目分阶段成本控制说明表

项目施工阶段	内容
投标承包阶段	·对项目工程成本进行预测、决策 ·中标后组建与项目规模相适应的项目经理部，以减少管理费用 ·公司以承包合同价格为依据，向项目经理部下达成本目标
施工准备阶段	·审核图纸，选择经济合理、切实可行的施工方案 ·制定降低成本的技术组织措施 ·项目经理部确定自己的项目成本目标 ·进行目标分解 ·反复测算平衡后编制正式施工项目计划成本
施工阶段	·制定落实检查各部门、各级成本责任制 ·执行检查成本计划，控制成本费用 ·加强材料、机械管理，保证质量，杜绝浪费，减少损失 ·搞好合同索赔工作，及时办理增加账，避免经济损失 ·加强经常性的分部分项工程成本核算分析以及月度（季年度）成本核算分析，及时反馈，以纠正成本的不利偏差
竣工阶段保修期间	·尽量缩短收尾工作时间，合理精简人员 ·及时办理工程结算，不得遗漏 ·控制竣工验收费用 ·控制保修期费用 ·提出实际成本 ·总结成本控制经验

3. 成本控制流程

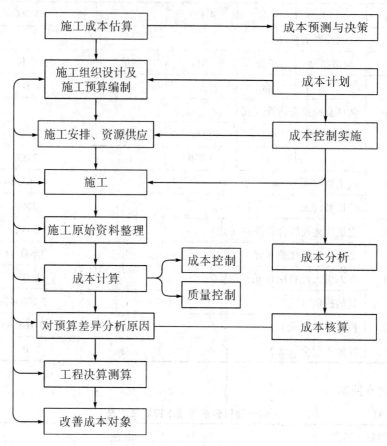

图 3-4　示例一成本控制流程图

示例二 土建工程项目

表 3-32　　　　　　　　**示例二活动成本估算**

序号	活动编号	活动名称	活动持续时间	估算成本（元）	估算依据
1	1.1	地下室清土	15 天	2 555 853.8	
2	1.2	地下室垫层	15 天	1 356 089.3	
3	1.3	地下室筏板	20 天	490 050.63	
4	1.4	地下室结构	40 天	6 065 809	
5	1.5	夹层结构	7 天	1 265 370	
6	1.6	1~8 层结构	56 天	20 465 726.6	
7	1.7	出屋面及女儿墙	7 天	1 106 987	
8	1.8	砌砖	50 天	70 364 891	经验估算法：估算人根据专业的知识和丰富的经验，据此提出一个近似的数字。
9	1.9	现场临时设施布置	3 天	250 000	
10	2.0	主要机械进场安排	3 天	1 052 978	
11	2.1	施工人员熟悉图纸	4 天	30 000	
12	2.2	计划安排	5 天	30 000	因素估算法：以过去为根据预测未来，并且利用数字。利用规模和成本图进行成本估算。
13	2.3	测量定位放线	2 天	250 000	
14	2.4	清土至基础垫层	62 天	25 481 526	
15	2.5	地下室底板	20 天	2 658 920	
16	2.6	地下室顶板	40 天	23 054 640	
17	2.7	主体结构施工	70 天	31 166 451	
18	2.8	屋面工程	30 天	3 054 892	
19	2.9	砌体完成	45 天	1 316 448	
20	3.0	各栋号施工图内容完成	85 天	1 160 546	
21	3.1	清理、收尾	30 天	1 503 590	

表 3-33　　　　　　　　**示例二分部分项工程量清单表**

工程名称：×××综合楼建筑工程

序号	项目编码	项目名称	单位	工程数量
1	010101001001	平整场地 1. 土壤类别：普通土 2. 弃土运距：5 千米	立方米	62 777.91
2	010101003001	挖基础土方 1. 基础类型：独立基础 2. 挖土深度：2.1 米 3. 弃土运距：5 千米	立方米	20 827.55

表3-33(续)

序号	项目编码	项目名称	单位	工程数量
3	010101003002	挖基础土方 1. 基础类型：桩承台筏板 2. 挖土深度：2.1米 3. 弃土运距：5千米	立方米	13 166.89
4	010401002001	桩承台筏板 1. 垫层材料种类：100毫米厚C10混凝土 2. 混凝土强度等级：C30	立方米	15 151.76
5	010403001001	基础暗梁 1. 梁截面：800×800 800×950 2. 混凝土强度等级：C30	立方米	1 056.67
6	010401001001	带形基础 1. 混凝土强度等级：C30	立方米	203.29
7	010403001002	基础梁 1. 梁截面：600×400毫米 2. 混凝土强度等级：C30 3. 100厚C10混凝土垫层	立方米	7 545.08
8	010402001001	矩形柱 1. 柱截面尺寸：400×400毫米 400×600毫米 2. 混凝土强度等级：C30	立方米	58 158.61
9	010301001001	砖基础 1. 砖品种、规格、强度等级：MU10实心砖 2. 基础类型：带型基础 3. 砂浆强度等级：M10水泥砂浆 4. -0.06米标高处设防水砂浆防潮层一道，室外地面以下砌体两侧抹防水砂浆20毫米厚	立方米	21 188.11
10	010103001001	土（石）方回填 1. 土质要求：普通土 2. 密实度要求：达到规范要求 3. 夯填（碾压）：夯填 4. 运输距离：5千米	立方米	5 688.47
11	010306002001	砖地沟 见02J331中8页Z0405-1盖板选用26页B4-1	米	1 246.23
12	010407003001	地沟 见02J331中11页C0810-1盖板选用B8-3	米	62.55
13	010403006001	弧形、拱形梁 1. 梁截面：250×450 400×370+120×60毫米 2. 混凝土强度等级：C30	立方米	69.54
14	010405001001	有梁板 1. 板厚度：120毫米 2. 混凝土强度等级：C30	立方米	31 605.55

表3-33(续)

序号	项目编码	项目名称	单位	工程数量
15	010403002001	矩形梁 1. 梁截面：250×400　400×400 毫米 1. 混凝土强度等级：C30	立方米	1 565.97
16	010403006002	弧形梁 1. 梁截面：300×730　300×900 毫米 2. 混凝土强度等级：C30	立方米	618.14
17	010405008001	雨篷 1. 混凝土强度等级：C30	立方米	111.22
18	010406001001	直形楼梯 1. 混凝土强度等级：C30	立方米	8 111.00
19	010407001001	其他构件 1. 构件类型：压顶 2. 构件规格：400×120 毫米 3. 混凝土强度等级：C30 混凝土	米	3 258.73
20	010402001002	女儿墙构造柱 1. 柱截面尺寸：240×240 毫米 2. 混凝土强度等级：C30	立方米	612.63
21	010403005001	雨篷梁 1. 梁截面：280×400+120×60 毫米 2. 混凝土强度等级：C30	立方米	21.24
22	010403002002	预应力梁 1. 梁截面：400×1 080　400×1 180 毫米 2. 混凝土强度等级：C4	立方米	2 137.23
23	010402001003	楼梯柱 1. 柱截面尺寸：400×250 毫米 2. 混凝土强度等级：C30	立方米	652.20
24	010403004001	圈梁 1. 梁截面：200×200　200×400 毫米 2. 混凝土强度等级：C30	立方米	2 121.92
25	010403005002	过梁 1. 梁截面：280×200+120×200　200×200 毫米 2. 混凝土强度等级：C30	立方米	433.30
26	010304001001	空心砖墙、砌块墙 1. 墙体类型：外墙 2. 墙体厚度：400 毫米 3. 空心砖、砌块品种、规格、强度等级：陶粒混凝土空心砖 4. 砂浆强度等级、配合比：M5 混合砂浆	立方米	3 362.54

表3-33(续)

序号	项目编码	项目名称	单位	工程数量
27	010304001002	空心砖墙、砌块墙 1. 墙体类型：弧形外墙 2. 墙体厚度：400毫米 3. 空心砖、砌块品种、规格、强度等级：陶粒混凝土空心砖 4. 砂浆强度等级、配合比：M5 混合砂浆	立方米	86 140.91
28	010304001003	空心砖墙、砌块墙 1. 墙体类型：内墙 2. 墙体厚度：200毫米 3. 空心砖、砌块品种、规格、强度等级：陶粒混凝土空心砖 4. 砂浆强度等级、配合比：M5 混合砂浆	立方米	6 133.69
29	010304001004	空心砖墙、砌块墙 1. 墙体类型：弧形内墙 2. 墙体厚度：200毫米 3. 空心砖、砌块品种、规格、强度等级：陶粒混凝土空心砖 4. 砂浆强度等级、配合比：M5 混合砂浆	立方米	5 829.98
30	010304001005	空心砖墙、砌块墙 1. 墙体类型：内墙 2. 墙体厚度：90毫米 3. 空心砖、砌块品种、规格、强度等级：陶粒混凝土空心砖 4. 砂浆强度等级、配合比：M5 混合砂浆	立方米	93.76
31	010302001001	实心砖墙 1. 墙体类型：女儿墙 构造见 02J102-2 2. 墙体厚度：200毫米、400毫米 3. 空心砖、砌块品种、规格、强度等级：红砖 4. 砂浆强度等级、配合比：M7.5 混合砂浆	立方米	1 068.04
32	010302001002	实心砖墙 1. 墙体类型：弧形女儿墙 构造见 02J102-2 2. 墙体厚度：200毫米 3. 空心砖、砌块品种、规格、强度等级：红砖 4. 砂浆强度等级、配合比：M7.5 混合砂浆	立方米	1 786.96
33	010414001001	变压式通风道 见 LJ812/7-PWB Ⅱ 12	米	53 830.00
34	010407001002	污水池 见 02J915/74-3 磁砖贴面	立方米	50.31

表3-33(续)

序号	项目编码	项目名称	单位	工程数量
35	010702004001	屋面排水管 1. 排水管品种、规格、品牌、颜色: 直径 100 毫米 UPVC 白色硬质塑料管 排水构件选自 LJ448 页 9	米	1 237.60
36	010702004002	雨篷泻水管 排水管品种、规格、品牌、颜色: DN50 UPVC 管 外伸 50	米	1 631.60
37	010702002001	屋面涂膜防水 平面做法见 LJ448 页 5/3 女儿墙泛水做法见 LJ415 页 5(11)及 页 8(1) 管道通风道出屋面构造见 LJ415 页 11,14 1. 20 厚 1:3 水泥砂浆 2. 隔气层均匀刮涂二布五涂防水涂料 3. 1:10 水泥珍珠岩 4. 保温层为两层 70 毫米厚苯板(18 千克/立方米) 5. 20 毫米厚 1:3 水泥砂浆找平层 6. 均匀涂三布七涂防水涂料	立方米	156 185.18
38	010606008001	屋面上人钢梯 见 LJ2004/76 防锈漆一 道,调和漆两道	吨	50.520
39	010702002002	雨篷防水 见 LJ448 6/6 1. 1:10 水泥珍珠岩找坡最薄处 30 厚 2. 20 厚 1:2.5 水泥砂浆找平 3. 均匀涂三布七涂防水涂料	立方米	57.80
40	010407002001	散水 1. 素土夯实 2. 50 毫米厚砂垫层 3. 80 毫米厚 C15 混凝土随打随抹 4. 散水每两米留 10 宽伸缩缝沥青玛蹄 脂灌缝	平方米	1 083.61
41	010407002002	残疾人坡道 面层同台阶 1. 1 000 毫米砂垫层 2. 120 毫米厚混凝土 3. 10 毫米厚 1:1.25 水泥白石子用斧 剁毛两遍成活	平方米	326.85
42	010416001001	现浇混凝土圆钢 φ6	吨	582.605
43	010416001002	现浇混凝土圆钢 φ8	吨	8 915.120
44	010416001003	现浇混凝土圆钢 φ10	吨	6 927.714
45	010416001004	现浇混凝土螺纹钢 12	吨	5 614.050
46	010416001005	现浇混凝土螺纹钢 14	吨	4 456.768
47	010416001006	现浇混凝土螺纹钢 16	吨	615.196
48	010416001007	现浇混凝土螺纹钢 18	吨	444.422

表3-33（续）

序号	项目编码	项目名称	单位	工程数量
49	010416001008	现浇混凝土螺纹钢 20	吨	9 821.786
50	010416001009	现浇混凝土螺纹钢 22	吨	2 520.620
51	010416001010	现浇混凝土螺纹钢 25	吨	956.918
52	010416001011	箍筋 φ8	吨	528.593
53	010416001012	箍筋 φ10	吨	8 811.067
54	010416001013	箍筋 φ12	吨	550.271
55	010416008001	预应力钢绞线 无粘结钢绞线 φs15.2（7φs5）	吨	365.050
56	010412008001	地沟盖板 详见 02J331 26 页 B4-1 B8-3	立方米	565.17
57	010416002001	预制构件钢筋 φ6	吨	650.120
58	010416002002	预制构件钢筋 φ8	吨	220.308

表 3-34   示例二项目成本预算表   单位：元

项目成本预算表				
项目名称	御府中央小区（A2-2/A2-4 地块）建设工程		项目经理	范海洋
编制者	何春颖		编制时间	2014-10-14
WBS 编号	WBS 要素	估算成本	应急储备	总部管理费	项目预算
1.0.0.0	建设工程	5 163 561 100	300 000 000	200 000 000	5 663 561 100
1.1.0.0	施工技术方案	162 354 892	100 000 000	100 000 000	362 354 892
1.2.0.0	质量体系措施	565 354 555	56 000 000	30 000 000	651 354 555
1.3.0.0	施工工序	93 652 635	6 000 000	8 000 000	107 652 635
1.3.1.0	施工主要工序	23 625 201	5 000 000	5 000 000	33 625 201
1.3.2.0	分项工程的主要施工方法	10 632 152	2 000 000	3 000 000	15 632 152
1.3.3.0	工程难点施工方案	863 256 066	150 000 000	212 000 000	1 225 256 066
1.4.0.0	施工进度计划	258 525 596	6 000 000	6 000 000	270 525 596
1.5.0.0	安全文明施工保证	162 328 523	5 000 000	6 000 000	173 328 523
1.6.0.0	其他	2 355 355	200 000	3 000 000	2 855 355

表 3-35 示例二项目分任务工期预计表

	时间段 1	时间段 2	时间段 3	合计
1. 地基与基础	2015.5.15—2015.7.15	2015.7.16—2015.9.16	2015.9.17—2015.11.17	182 天
2. 主体	2015.6.20—2015.9.20	2015.9.21—2015.12.21	2015.12.22—2016.3.22	272 天
3. 装饰装修	2015.8.15—2015.10.15	2015.10.16—2015.12.16	2015.12.17—2016.2.17	182 天
4. 屋面	2015.9.20—2015.10.20	2015.10.21—2015.11.21	2015.11.22—2015.12.22	92 天
5. 给排水及采暖	2015.10.8—2015.11.23	2015.11.24—2016.1.10	2016.1.11—2016.2.26	134 天
6. 电气	2015.11.20—2015.12.20	2015.12.21—2016.1.21	2016.1.22—2016.2.22	92 天
7. 智能	2015.11.20—2015.12.20	2015.12.21—2016.1.21	2016.1.22—2016.2.22	92 天
8. 通风与空调	2016.1.10—2016.2.15	2016.2.16—2016.3.16	2016.3.17—2016.4.10	90 天
9. 电梯	2015.9.20—2015.10.20	2015.10.21—2015.11.21	2015.11.22—2015.12.22	92 天
10. 节能	2016.1.10—2016.2.15	2016.2.16—2016.3.16	2016.3.17—2016.4.10	90 天

实训七　质量与风险规划

一、实训背景

项目质量管理的对象是项目交付物，根据 PMI 的《PMBOK 指南》，项目质量管理包括了保证项目满足其目标要求所需要的过程。它涵盖了"全面管理职能的所有活动，这些活动决定着质量的政策、目标、责任，并在质量体系中凭借质量计划编制、质量控制、质量保证和质量提高等措施决定着对质量政策的执行、对质量目标的完成以及对质量责任的履行"[1]。

项目质量管理的目的是确保项目满足它所应该满足的质量需求。

识别风险就是要识别出哪些风险会对项目产生影响，并简要描述这些风险及其后果，形成初步的风险登记册。

风险是指在项目进行中可能发生的不确定性事件，根据 PMI 的《PMBOK 指南》的定义，风险既包括可能出现的机会，也包括可能出现的威胁。风险一旦发生，会对项目的范围、进度、成本和质量的至少一个方面产生影响。

实施风险分析旨在对已经识别出的风险进行分析，了解风险发生的概率及其发生的后果，以便判断风险的严重性，并对风险进行优先级排序。

风险应对策略有以下几种：

风险回避：指改变计划，使项目目标不受某个风险的影响。

风险减轻：指采取措施降低风险发生的概率或/和后果。

风险转移：指支付一定的费用把风险的后果转移给其他方。

风险接受：指不采取主动管理措施或者根本无法采取主动管理措施。

主动接受：指为风险准备不可预见费，在风险万一发生时使用。

被动接受：指不做任何事情，等风险万一发生后再采取权变措施。

二、实训任务及说明

质量目标是对业主和质量目标进行说明和细化。

具体质量指标的确定应对应于过程交付成果和项目工作过程中进行，可采用基于项目阶段和 WBS 中定义的工作单元的方法。质量控制的措施和流程应结合项目工作流程制定，也应按工作成果或者设计阶段分别设计，并包括责任人。具体形式可参照图 3-5：

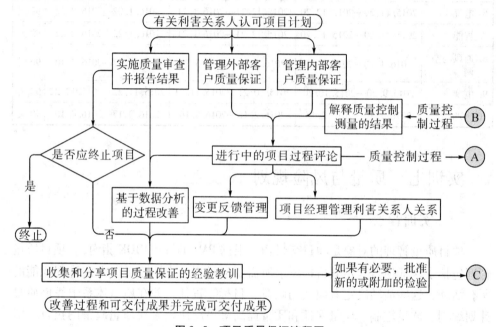

图 3-5 项目质量保证流程图

风险规划中应说明风险管理的流程和各步骤的工作内容和方法。

对各阶段的主要风险采取应对措施。

根据风险应对措施，对每个措施估算其资金、资源和人员消耗，分别汇总。注意与成本计划中对应的项目一致。

表 3-36   质量与风险规划实训任务说明表

本实验涉及内容	对应详细具体信息	要求
所属知识领域	质量	√
	风险	√
所属过程组	规划	√

表3-36(续)

本实验涉及内容	对应详细具体信息	要求
含义	识别项目及其产品的质量要求和/或标准,并书面描述项目将如何达到这些要求和/或标准	√
	判断哪些风险会影响项目并记录其特征	√
	实施风险定性和定量分析,先定性,后定量	√
	针对项目目标,制定提高机会、降低威胁的方案和措施	√
所处项目管理过程	规划质量	√
	识别风险	√
	实施风险分析	√
	规划风险应对	√
之前管理过程	制定工作分解结构	
	规划风险管理	
	识别风险	
	规划风险分析	
随后应进行的项目管理过程	实施质量控制	
	实施风险分析	
	规划风险应对	
	监控风险	
项目管理详细任务（一）	确定要遵循的质量标准,过程和测量指标	
	采取何种措施达到这些要求和/或标准	
项目管理详细任务（二）	判断哪些风险会影响项目,记录其特征,做好已识别风险清单	
项目管理详细任务（三）	先定性评估并综合分析风险的发生概率和影响,对风险进行优先排序,从而为后续分析或行动提供基础,后就已识别风险对项目整体目标的影响进行定量分析	
项目管理详细任务（四）	经过风险分析,对识别的风险制定提高机会、降低威胁的方案和措施	
可交付成果	质量管理计划 质量测量指标 质量核对表	√
	风险登记册 V1	√
	风险登记册 V2V3	√
	风险登记册 V4 与风险相关的合同决策	√

表3-36（续）

本实验涉及内容	对应详细具体信息	要求
运用的工具与技术	质量成本　成本效益分析　控制图标杆对照（基准对照）实验设计　统计抽样流程图	√
	专家判断　文档审查　信息收集技术　核对表分析　假设分析图解技术　SWOT分析	√
	专家判断　概率与影响评估　概率影响矩阵风险数据质量评估　风险分类　风险紧迫性评估　数据收集与表现　敏感性分析　预期货币价值	√
	专家判断消极风险和威胁应对　积极风险和机会应对　应急应对策略	
角色	项目质量经理	√
	项目风险经理	√

三、实训相关附件及模板

表3-37　　　　　　　　　**项目质量责任分配表**

项目质量责任分配表			
项目名称		项目经理	
编制者		编制时间	
WBS 编号	工作包名称	质量保证人员	质量控制人员

表3-38　　　　　　　　　**项目质量测量指标/基准表**

项目质量测量指标/基准表					
项目名称			项目经理		
编制者			编制时间		
WBS 编号	测量对象（工作包）	测量指标	测量方法	测量时间	质量基准

表3-39　　　　　　　　　**初步风险登记册**

初步风险登记册			
项目名称		项目经理	
编制者		编制时间	
序号	风险名称	风险描述	风险后果
1			
...			

表 3-40 项目风险分析表

项目风险分析表							
项目名称				项目经理			
编制者				编制时间			
序号	风险名称	概率	后果		严重性（概率×后果）	风险排序	可否承受
			描述	打分			
1							
...							

表 3-41 项目风险应对计划表

项目风险应对计划表						
项目名称				项目经理		
编制者				编制时间		
风险编号	风险名称	应对策略	预防措施	应急措施	责任人	资源消耗
1						
...						

四、质量与风险规划示例

示例一 通信建设项目

1. 质量控制的措施和流程

严格制定质量规范体系，认真组织实施并严格执行规范要求，定期进行内部质量审核，并且针对审核检查出的问题及时制定纠正措施，且限期整改，并且严格进行跟踪检查和控制，加强过程控制的必要性。

质量控制流程：

制定质量方针和质量目标−质量策划−质量控制−质量检测−质量保证−质量改进

2. 风险管理流程

风险识别−风险估测−风险评价−选择风险管理技术−评估风险管理效果

3. 项目质量责任分配表

表 3-42 　　　　　　　　　　示例一项目质量责任分配表

项目质量责任分配表							
项目名称			项目经理				
编制者			编制时间				
WBS	任务名称	工期	开始时间	完成时间	前置任务	责任人
1	勘察设计	21 天	2015 年 9 月 30 日	2015 年 10 月 29 日		唐丽
1.1	聘请勘察机构	1 天	2015 年 9 月 30 日	2015 年 9 月 30 日		
1.2	实地勘察	5 天	2015 年 10 月 1 日	2015 年 10 月 7 日	2	
1.3	形成并交付勘察报告	15 天	2015 年 10 月 8 日	2015 年 10 月 28 日	3	
2	招标	11 天	2015 年 10 月 29 日	2015 年 11 月 12 日		韩婕
2.1	监理单位招标	3 天	2015 年 10 月 29 日	2015 年 11 月 2 日	4	
2.2	发布招标文件	2 天	2015 年 11 月 3 日	2015 年 11 月 4 日	6	
2.3	建设单位招标	5 天	2015 年 11 月 5 日	2015 年 11 月 11 日	7	
2.4	签招标合同	1 天	2015 年 11 月 12 日	2015 年 11 月 12 日	8	
3	投资建设	154 天	2015 年 11 月 13 日	2016 年 6 月 15 日		代雨
3.1	土建	154 天	2015 年 11 月 13 日	2016 年 6 月 15 日		代雨
3.1.1	成本控制	154 天	2015 年 11 月 13 日	2016 年 6 月 15 日	9	
3.1.2	质量监控	154 天	2015 年 11 月 13 日	2016 年 6 月 15 日	12SS, 9	
3.1.3	进度控制	154 天	2015 年 11 月 13 日	2016 年 6 月 15 日	13SS, 9	
3.1.4	工程变更管理	154 天	2015 年 11 月 13 日	2016 年 6 月 15 日	14SS, 9	
3.2	安装	24 天	2016 年 5 月 21 日	2016 年 6 月 23 日		赵益树
3.2.1	设备采购	3 天	2016 年 5 月 9 日	2016 年 5 月 12 日		
3.2.2	安装前准备	3 天	2016 年 5 月 12 日	2016 年 5 月 17 日	17	
3.2.3	设备安装	15 天	2016 年 5 月 17 日	2016 年 6 月 7 日	18	
3.2.4	设备加电	5 天	2016 年 6 月 7 日	2016 年 6 月 14 日	19	
3.2.5	设备测试	1 天	2016 年 6 月 15 日	2016 年 6 月 15 日	20, 15FF	
4	竣工验收	18 天	2016 年 6 月 16 日	2016 年 7 月 11 日		代雨
4.1	竣工资料准备	5 天	2016 年 6 月 16 日	2016 年 6 月 22 日	21	
4.2	竣工验收	10 天	2016 年 6 月 23 日	2016 年 7 月 6 日	23	
4.3	竣工结算	3 天	2016 年 7 月 7 日	2016 年 7 月 11 日	24	
5	交付使用	62 天	2016 年 7 月 14 日	2016 年 10 月 7 日		代雨
5.1	试运营	60 天	2016 年 7 月 12 日	2016 年 10 月 3 日	25	
5.2	交付使用	2 天	2016 年 10 月 4 日	2016 年 10 月 5 日	27	

4. 项目质量测量指标/基准表

机房的验收标准:

表 3-43   示例一铁塔机房施工验收单

_____分公司   基站名称_____   基站代号_____   日期_____

序号	验收项目	标准及指标要求	实测数据	验收结果
1	机房定位必须符合设计原则和现场实际			
2	机房轴线尺寸必须符合设计要求			
3	基础尺寸必须符合设计及施工要求			
4	基础底标高必须符合设计			
5	基础坑底土质是否符合设计土质要求			
6	要求基坑底土层夯实,无虚土			
7	商品砼(或自拌砼) 砼强度			
8	配合比			
9	垫层砼厚度及顶面标高			
10	钢筋品种、级别、规格、数量必须符合设计要求			
11	钢筋加工的形状、尺寸应符合设计要求			
12	钢筋接长方式、焊(搭)接长度			
13	基础底板钢筋网长、宽尺寸必须符合设计要求±10毫米			
14	基础砼几何尺寸、标高符合设计要求			
15	基础砼振捣密实,无露筋、蜂窝等质量缺陷			
16	按设计要求施工,并与铁塔地网焊连,形成"日"字闭合环路			
17	接地引入扁钢数量及室内位置按设计要求			
18	接地电阻必须符合设计要求			
19	砖模、木模、钢模均可			
21	基础模板强度尺寸、稳固性能满足施工和设计要求,模板顶标高符合设计要求			
22	基础底板钢筋网间距必须符合设计要求±20毫米			
23	基础底板钢筋网绑扎质量			
24	基础底板钢筋保护层厚度			

表3-43(续)

序号	验收项目	标准及指标要求	实测数据	验收结果
25	构造柱钢筋预埋,中心线位置允许偏差5毫米			
26	水平接地体采用40×4热镀锌扁钢			
27	彩板机房骨架方钢尺寸符合设计要求			

验收结论:		建设单位签字:		
		监理单位签字:		
		施工单位签字:		
年 月 日		铁塔厂家质检员签字:		

其他检验标准:

表3-44　　　　　　　　示例一项目质量测量指标/基准表

项目质量测量指标/基准表					
项目名称	南溪区五纵三横铁塔		项目经理	陈翠	
编制者			编制时间		
WBS编号	测量对象(工作包)	测量指标	测量方法	测量时间	质量基准
1	热镀锌质量检验	外观	热镀锌质量检验规范		表面具有实用性、光滑,无超标缺陷和损伤
		镀层厚度	热镀锌质量检验规范		镀件厚度<5毫米锌层厚度>=65微米厚度>5毫米锌层厚度>=86微米
		均匀性	热镀锌质量检验规范		硫酸铜溶液侵蚀试块四次不露铁
		附着力	热镀锌质量检验规范		锤击实训锌层不脱落,不凸起剥落
2	迷你综合机房机柜	蓄电池柜和综合柜采用并排安装方式(具体见图纸)	见图纸		出示出厂质量证明
3	蓄电池柜	蓄电池柜和综合柜采用并排安装方式(具体见图纸)	见图纸		出示出厂质量证明
4	新增天线平台	在原有25米地面美化灯塔上新增一层天线平台,每层平台3根天线支臂,3根RRU抱杆	见图纸		出示出厂质量证明

相关标准:

中华人民共和国国家标准 GB 50009-2001《建筑结构荷载规范》 (2006年版);

中华人民共和国国家标准 GB 50011-2001《建筑抗震设计规范》及局部修订(2008年);

中华人民共和国国家标准 GB 50057-1994《建筑物防雷设计规范》 (2000

年版）；

中华人民共和国国家标准 GB 50135-2006《高耸结构设计规范》；

中华人民共和国国家标准 GB 50140-2005《建筑灭火器配置设计规范》；

中华人民共和国国家标准 GB 50292-1999《民用建筑可靠性鉴定技术标准》；

中华人民共和国国家标准 GB 50367-2006《混凝土结构加固设计规范》；

中华人民共和国国家标准 GB 50223-2008《建筑工程抗震设防分类标准》；

中华人民共和国通信行业标准 YD 5002-2005《邮电建筑防火设计标准》；

中华人民共和国通信行业标准 YD 5054-2005《电信建筑抗震设防分类标准》；

中华人民共和国通信行业标准 YD 5059-2005《电信设备安装抗震设计规范》；

中华人民共和国通信行业标准 YD/T 5003-2005《电信专用房屋设计规范》；

中华人民共和国通信行业标准 YD 5039-2009《通信工程建设环境保护技术暂行规定》；

中华人民共和国通信行业标准 YD 5098-2005《通信局（站）防雷与接地工程设计规范》；

中华人民共和国通信行业标准 YDT 5175-2009《通信局（站）防雷与接地工程验收规范》；

中华人民共和国通信行业标准 YD/T 1051-2000《通信局（站）电源系统总技术要求》；

中华人民共和国通信行业标准 YD/T 1363.1-2005《通信局（站）电源、空调及环境集中监控管理系统 第1部分：系统技术要求》；

中华人民共和国通信行业标准 YD/T 1363.2-2005《通信局（站）电源、空调及环境集中监控管理系统 第2部分：互联协议》；

中华人民共和国通信行业标准 YD/T 1363.3-2005《通信局（站）电源、空调及环境集中监控管理系统 第3部分：前端智能设备协议》；

中华人民共和国通信行业标准 YD/T 1363.4-2005《通信局（站）电源、空调及环境集中监控管理系统 第4部分：测试方法》；

中华人民共和国通信行业标准 YD/T 1821-2008《通信中心机房环境条件要求》；

中华人民共和国通信行业标准 YD/T 5026-2005《电信机房铁架安装设计标准》；

中华人民共和国通信行业标准 YD/T 5040-2005《通信电源设备安装工程设计规范》；

中华人民共和国通信行业标准 YD/T 5131-2005《移动通信工程钢塔桅结构设计规范》；

中华人民共和国通信行业标准 YD/T 5132-2005《移动通信工程钢塔桅结构验收规范》；

中华人民共和国通信行业标准 YD/T 5139-2005《有线接入网设备安装工程

设计规范》。

5. 初步风险登记册

表 3-45 示例一初步风险登记册

初步风险登记册				
项目名称	南溪区五纵三横铁塔		项目经理	陈翠
编制者			编制时间	
序号	风险名称	风险描述		风险后果
1	火灾事故	安装过程中发生火灾		造成较大经济损失，同时会拖延施工进度，危害施工人员的生命安全
2	触电事故	雨天作业，没有做好防护措施，导致人员触电		造成施工人员的人生损害
3	高处坠落事故	施工人员脚下打滑，从高处坠落		造成施工人员的死亡或者受伤

6. 项目风险分析表

表 3-46 示例一项目风险分析表

项目风险分析表							
项目名称	南溪区五纵三横铁塔			项目经理			
编制者				编制时间			
序号	风险名称	概率	后果		严重性（概率×后果）	风险排序	可否承受
			描述	打分			
1	火灾事故	5%	死亡，延误工期	8	0.4	第二	不可
2	触电事故	10%	死亡或者受伤	5	0.5	第一	不可
3	高处坠落事故	5%	死亡或者受伤	5	0.25	第三	不可

7. 项目风险应对计划表

表 3-47   项目风险应对计划表

<table>
<tr><th colspan="7">项目风险应对计划表</th></tr>
<tr><td>项目名称</td><td colspan="2">南溪区五纵三横铁塔</td><td>项目经理</td><td colspan="3">陈翠</td></tr>
<tr><td>编制者</td><td colspan="2"></td><td>编制时间</td><td colspan="3"></td></tr>
<tr><td>风险
编号</td><td>风险
名称</td><td>应对策略</td><td>预防
措施</td><td>应急
措施</td><td>责任人</td><td>资源
消耗</td></tr>
<tr>
<td>1</td>
<td>火灾
事故</td>
<td>(1) 电焊前应将作业点周边的易燃易爆物品清除干净，并做好安全围蔽措施。电焊完毕后，应及时清理现场的焊渣等火种
(2) 建设单位应严格按照有关法律法规程序，依法组织工程项目招标，严禁施工单位违法分包</td>
<td>(1) 对于高风险作业环节，应要求施工单位编制专项施工方案及应急预案
(2) 对于电焊等特种作业，应要求作业人员持证上岗，严禁无证人员操作</td>
<td>(1) 紧急召集人员，救出伤员，并送往医院
(2) 报告上级，备案</td>
<td>陈翠</td>
<td></td>
</tr>
<tr>
<td>2</td>
<td>触电
事故</td>
<td>(1) 施工单位应对作业人员做好安全教育培训工作，安全技术交底要针对项目的特点、风险点、防范措施等向作业人员进行交底，并双方签字确认
(2) 作业人员应做好防护措施，穿绝缘鞋，戴绝缘手套
(3) 电动工具的绝缘性能、电源线、插头和插座应完好无损，电源线不应任意接长或更换。维修和检查时应由专业人员负责</td>
<td>(1) 施工现场用电，应采用三相五线制的供电方式。用电应符合三级配电结构，分三个层次逐级配送电力，做到一机 (施工机具) 一箱
(2) 施工现场用的各种电气设备必须按规定采取可靠的接地保护，并应由电工专业人员负责电源线的布放和连接
(3) 施工现场用电线路必须按规范架设，应采用绝缘护套导线</td>
<td>(1) 立刻切断电源，设专人看管。及时救治
(2) 检修各类配电箱、开关箱、电气设备和电力工具</td>
<td>陈翠</td>
<td></td>
</tr>
<tr>
<td>3</td>
<td>高处
坠落
事故</td>
<td>(1) 高处作业人员必须持高处作业证上岗，严禁无证人员高处作业
(2) 高处作业人员必须佩戴安全帽、安全带，穿着防滑鞋，并正确使用</td>
<td>(1) 施工单位应对作业人员做好安全教育培训工作，安全技术交底要针对项目的特点、风险点、防范措施等向作业人员进行交底，并双方签字确认
(2) 高处作业等高风险作业环节，施工安全管理人员、监理人员必须到现场进监督管理</td>
<td>(1) 紧急急救，并送往医院
(2) 报告上级，备案</td>
<td>陈翠</td>
<td></td>
</tr>
</table>

示例二 土建工程项目

表 3-48 示例二项目质量计划

WBS 编号	工作包名称	质量保证人员	质量控制人员
1.0.0.0	建设工程	陈丽	罗莉
1.1.0.0	施工技术方案	陈丽	罗莉
1.2.0.0	质量体系措施	陈丽	罗莉
1.3.0.0	施工工序	陈丽	罗莉
1.3.1.0	施工主要工序	陈丽	罗莉
1.3.2.0	分项工程的主要施工方法	陈丽	罗莉
1.3.3.0	工程难点施工方案	陈丽	罗莉
1.4.0.0	施工进度计划	陈丽	罗莉
1.5.0.0	安全文明施工保证	陈丽	罗莉
1.6.0.0	其他	陈丽	罗莉

表 3-49 示例二项目质量测量计划

WBS 编号	测量对象（工作包）	测量指标	测量方法	测量时间
1.0.0.0	建设工程	符合工程测量技术规范及砼结构工程、建筑装饰装修工程等施工质量验收规范要求	1. 检查各专业图的平面位置标高是否有矛盾，预留洞口是否有冲突，发现问题及时向有关人员反映 2. 对所有进场的仪器设备及人员进行初步调配 3. 复印预定人员的上岗证书，由总工程师组织进行技术交底	2015 年 5 月 1 日
1.1.0.0	施工技术方案	《工程测量规范》GB 50026—93	1. 施工区范围内的施工测量控制网点的复测及控制点的加密。 2. 本标段的土石方开挖、砼浇筑及其他项目的施工测量放样及验收测量。 3. 原始地形图和断面图的测绘、施工主要轴线点及重要部位轮廓点的测量放样、工程验收测量、工程竣工测量及竣工资料的整编。	2015 年 5 月 1 日
1.2.0.0	质量体系措施	《国家一、二等水准测量规范》GB 12897—91	1. 测量能力评价； 2. 统计技术（测量能力指数）； 3. 测量结果的有效性与可靠性	2015 年 5 月 1 日

表3-49(续)

WBS 编号	测量对象（工作包）	测量指标	测量方法	测量时间
1.3.0.0	施工工序	1. 自行检查满足规范标准要求。 2. 公司测绘主管验收合格。 3. 测绘行政部门验收合格	1. 极坐标法放样基本定位点 2. 直角坐标法 3. 交会法	2015 年 5 月 1 日
1.3.1.0	施工主要工序	《建筑工程施工测量规程》DBJ 01-21-95	1. 施工测量放样工程 2. 轻钢龙骨纸面石膏板吊顶工程 3. 轻钢龙骨隔墙的施工安装 4. 石材干挂工程 5. 木饰面工程 6. 木线安装工程 7. 墙面砖粘贴工程 8. 金属装饰板安装工程	2015 年 5 月 2 日
1.3.2.0	分项工程的主要施工方法	《质量管理体系 - 要求》GB/T19001 - 200 - ISO9001：2000	1. 施工测量 2. 土石工程 3. 砌筑工程 4. 模板工程	2015 年 5 月 2 日
1.3.3.0	工程难点施工方案	《国家一、二等水准测量规范》GB 12897—91；	1. 建立强有力的经理班子，负责整个工程的施工组织管理工作 2. 运用"现场智能化施工管理系统"组织施工 3. 根据设计要求和现场实际情况，不断优化方案	2015 年 5 月 2 日
1.4.0.0	施工进度计划	《建设工程监理规程》DBJ 01-41-2002	1. 工程现场控制桩，由项目部技术部门负责接收使用、保管，双方应在交接记录上详细注明及存在问题的处理意见，并进行签认 2. 施工过程中，项目部技术人员负责施工放样、定位，控制桩点护桩测量的工序间检查复核测量 3. 认真贯彻执行测量复核制度，外业内业必须相互校对，确保测量成果的准确性 4 测量原始记录、资料、计算、图表必须真实完整，不得涂改，并妥善保管，测量仪器要符合计量部门规定	2015 年 5 月 3 日

表3-49（续）

WBS 编号	测量对象（工作包）	测量指标	测量方法	测量时间
1.5.0.0	安全文明施工保证	1. 安全技术措施费用 2. 安全设备、设施的更新和维护 3. 安全文明施工及宣传、教育和培训 4. 劳动防护用品配备 5. 其他保障安全的事项	1. 安全防护手册 2. 劳动保护措施 3. 照明安全措施 4. 接地及避雷装置安全措施 5. 油料的存放与运输安全措施 6. 消防安全措施 7. 洪水和气象灾害防护安全措施 8. 信号装置配备及保护措施	2015 年 5 月 5 日
1.6.0.0	其他	其他	其他	2015 年 5 月 5 日

表 3-50　　　　　示例二项目质量责任分配表

项目质量责任分配表			
项目名称	御府中央小区（A2-2/A2-4 地块）建设工程	项目经理	范海洋
编制者	范海洋	编制时间	2014-10-10
WBS 编号	工作包名称	质量保证人员	质量控制人员
1.1.3	申请许可	范海洋	罗莉
1.2	现场工作	陈丽	罗莉
1.3	地基	陈丽	罗莉
1.4	搭建框架	陈丽	罗莉
1.5	干燥内部	陈丽	罗莉
1.6	完成外部工程	陈丽	罗莉
1.7	完成混凝土浇筑	陈丽	罗莉
1.8.1	保温	陈丽	罗莉
1.8.2	干饰面内墙	陈丽	罗莉
1.8.3	刷油漆及贴墙纸	陈丽	罗莉
1.8.4	橱柜	陈丽	罗莉
1.8.5	完成管道安装	陈丽	罗莉
1.8.6	完成电气安装	陈丽	罗莉
1.8.7	完成取暖、通风和空调系统的安装	陈丽	罗莉
1.8.8	地毯、瓷砖和器具	陈丽	罗莉
1.8.9	绿化和土方工作	陈丽	罗莉
1.8.10	最终检查	陈丽	罗莉

表 3-51　　　　　　　　　　示例二项目质量测量指标/基准表

项目质量测量指标/基准表				
项目名称	御府中央小区（A2-2/A2-4 地块）建设工程		项目经理	范海洋
编制者	范海洋		编制时间	2014-10-10
WBS 编号	测量对象（工作包）	测量指标	测量方法	测量时间	质量基准
1.1.3	申请许可				
1.2	现场工作	场地平整	GPS	平场前后	符合规划局规划和设计要求
1.3	地基	压实度、沉降系数、截面尺寸等	压实度检测仪、水平仪、卷尺	挖填前后	符合设计要求
1.4	搭建框架	水平度、垂直度	水平仪、经纬仪、全站仪	梁板墙混凝土硬化后	符合设计要求
1.5	干燥内部	平整度、粘结度、均匀度	水平仪等	主体完工后	符合设计要求
1.6	完成外部工程	美观、安全、实用	目测	内部完工后	符合设计要求
1.7	完成混凝土浇筑	流动性、可塑性、稳定性、易密性	塌落度实验	混凝土浇筑之前	符合设计要求
1.8.1	保温	温度	温度计	混凝土浇筑完成后	符合设计要求
1.8.2	干饰面内墙	平整度、粘结度、均匀度	水平仪等	内部完工后	符合设计要求
1.8.3	刷油漆及贴墙纸	环保、美观		干饰面内墙完工后	符合设计要求
1.8.4	橱柜	实用、美观		贴墙纸之后	符合设计要求
1.8.5	完成管道安装	美观、安全	按照安装设计说明	内部完工之前	符合设计要求
1.8.6	完成电气安装	安全、方便	按照安装设计说明	和管道安装同时进行	符合设计要求
1.8.7	完成取暖、通风和空调系统的安装	实用、美观	按照安装设计说明	和管道安装同时进行	符合设计要求
1.8.8	地毯、瓷砖和器具	美观	按照安装设计说明	管道、取暖、电气安装完成后	符合设计要求
1.8.9	绿化和土方工作	美观、环保	按照绿化要求	外部墙面完成后	符合设计要求
1.8.10	最终检查	质量、美观、实用、安全	房屋建筑规范	所有工作完成后	符合设计要求和规范要求

序号	风险名称	风险描述	风险后果
1	合作风险	分包的工程不能按期完成，导致进度延期	不能按期交付，可能还会造成返工，赔付等纠纷
2	技术风险	混凝土硬化周期长可能导致进度延期钢筋搭接、焊接技术不成熟，可能造成质量或者工期不能达到要求	拖延施工工期，或者造成后期质量不合格，严重的会造成工程事故
3	人力资源风险	项目成员，对系统功能分解与分配的工作方法了解不够，技术负责人的讲解可能会耽误时间	施工中沟通、理解等问题也会拖延工期，同时更会发生质量事故
4	项目进度风险	在施工阶段会经历春节，春节前供应商可能放假，那个时候安排跟供应商有关的活动可能无法按时完成，直到正月十五以后	施工现场材料供应短缺，定会延误工期，严重时可能会造成返工
5	法律风险	土地、住房、金融、税收、城市规划等政策可能引起房价的变化	最终产品可能进入不了市场，造成企业资金短缺

表 3-53   示例二项目风险分析

序号	风险名称	概率	后果		严重性（概率×后果）	风险排序	可否承受
			描述	打分			
1	合作风险	0.1	不能按期交付，可能还会造成返工、赔付等纠纷	8	0.8	三	可以
2	技术风险	0.2	拖延施工工期，或者造成后期质量不合格，严重的会造成工程事故	9	1.8	二	可以
3	人力资源风险	0.1	施工中沟通、理解等问题也会拖延工期，同时更会发生质量事故	7	0.7	四	可以
4	项目进度风险	0.7	施工现场材料供应短缺，定会延误工期，严重时可能会造成返工	8	5.6	一	可以
5	法律风险	0.05	最终产品可能进入不了市场，造成企业资金短缺	10	0.5	五	可以

表 3-53　　　　　　　　　　　示例二项目风险应对计划

风险编号	风险名称	应对策略	预防措施	应急措施	责任人
1	合作风险	指定专门负责人与分包方沟通，制订延期赔付计划	制订延期赔付计划	解除分包合同，企业自行完成	何春颖
2	技术风险	对技术工种要求持证上岗、安全操作，安全员即时发现问题	对技术工种实行督导，严重者罚款处理	及时处理事故，与甲方做好沟通	陈睿
3	人力资源风险	加大施工技术人员的培训工作	工地每周学习一小时	辞退经验不足者，或者延长工期	范海洋
4	项目进度风险	提高作业效率，或者采取夜间加班措施	10天小检查，一月大检查	节假日正常施工	范海洋
5	法律风险	公关人员及时和政府做好沟通，关注行业动态	市场部和工程部根据行业动态制订未来施工计划	产品方向调整	范海洋

实训八　沟通规划

一、实训背景

沟通是人与人之间、人与群体之间思想与感情的传递和反馈的过程，换言之就是信息的交流。项目沟通管理就是要保证项目信息及时、正确地提取、收集、传播、存储以及最终进行处置，保证项目信息畅通。如项目相关的任何人都应从其他人身上或项目本身获取和接收信息，并且理解他们对项目的影响。利用科学的组织、领导，协调和控制项目的实施过程，对项目的进展和人际关系的改善都有积极作用。

二、实训任务及说明

1. 沟通管理的工作内容
简要说明沟通的作用、工作内容及沟通体系。
2. 项目内外利害关系人及信息需求
应列出各利害关系人的沟通角色、信息提供和信息需求。
3. 沟通方法和途径
应列出主要的项目状态文件和报告文件，会议的召开，文件的签收执行文件的递交等，并对每种方式进行说明。

4. 沟通矩阵

界定项目所使用的沟通方法和项目利害关系人所匹配的特定的沟通路径。

表 3-54　　　　　　　　　　沟通规划实训任务说明表

本实验涉及内容	对应详细具体信息	要求
所属知识领域	沟通	√
所属过程组	规划	√
含义	确定项目干系人的信息需求，并定义沟通方法	√
所处项目管理过程	规划沟通	√
之前管理过程	识别干系人	√
随后应进行的项目管理过程	发布信息	√
项目管理详细任务	确定项目干系人的沟通需求	
	定义沟通方法	
可交付成果	沟通管理计划	√
运用的工具与技术	沟通需求分析 沟通技术 沟通模型 沟通方法	√
角色	项目经理	√

三、实训相关附件及模板

表 3-55　　　　　　　　　　沟通矩阵表

沟通矩阵表								
项目名称				项目经理				
编制者				编制时间				
沟通方法	利益相关者							
	BSAS	项目负责人	项目经理	PMC团队成员	项目支持小组	设计方	施工方	供应方
项目月报								
总进度计划（基准）								
项目执行计划（PEP）								
项目范围描述								
频率	必须的	可选择的						
每周	W	w						
每月	M	m						
每季	Q	q						
需要	A	a						

四、沟通规划示例

示例一 通信建设项目

1. 沟通管理的工作内容

沟通是人与人之间、人与群体之间思想与感情的传递和反馈的过程，换言之就是信息的交流。作为管理活动中的一个不可忽视的重要方面，沟通已引起企业界的高度重视，其带来的影响也越来越大。要想使沟通顺利进行，就要营造一个良好的沟通环境和氛围。作为现代企业管理者既要重视外部的沟通，又要重视与内部员工的沟通，这样的沟通才有凝聚力。

内部沟通：

（1）建立健全规范公司会议系统，通过月会、周例会、调度会、座谈会、班前班后会等形式，快速地将信息进行有效的传递，使大家按计划有条不紊进行，步调一致，方向目标明确，提高工作效率和效能，使目标完成得到保障。

（2）展开"合理化建议"活动，在技术改造、成本控制、行政管理等各领域，全面展开。

（3）建立公司内部刊物，整合公司信息，统一全体员工思想。

外部沟通：

（1）通过公共关系手段，利用大众传媒、内部刊物等途径，与客户、政府职能部门、周边社区、金融机构等，建立良好关系，争取社会各界支持，创造好的发展氛围。

（2）企业导入 CIS 企业形象识别系统，把理念系统、行为系统、视觉系统进行有效整合，进行科学合理的传播，树立良好企业形象，提高企业的知名度、美誉度、资信度，为企业腾飞和持续发展提供好的环境。

2. 项目内外利害关系人及信息需求

项目经理：作为项目经理，应该传达整个项目的最终目标，带领员工一起做好项目基本要求。定期开展项目会议，听取各部门对于项目、公司发展的意见和建议，做好各部门的沟通工作。

财务部：清晰明确地反映财务支出情况，定期汇报财务工作，做好上下两级的交接工作，并及时与下属沟通，征求意见。为使财务信息更加分明正确做出努力。

质检部：通过对在建工程的质量安全问题，及时向上级汇报并制定出适宜的应对对策，同时做好与下层员工的沟通工作，及时了解现场施工情况和质量安全汇报工作。

成本控制部：对于整个项目的成本控制，要及时了解现场施工情况和市场各类物资的最新价格状态，同时与财务部及相关部门做好沟通，以确保项目顺利完整的实施。

综合管理部：主要是针对人事档案管理，对于各个部门的人事调动和新成员的加入，都要做好备案工作。同时对各部门物资上的需求信息也应该及时掌握，并能够根据情况合理分配。必须和各个部门及时沟通，保证工作的完成和公司正常的运营。

勘察设计院：主要是勘察建设点周围环境，并形成书面报告，设计出建设图纸及安装图纸。需要设计院提供相应的资质证明和授权书。

监理方：把控整个工程的质量，对随工、隐蔽工程做好质量监控，并形成相应的验收文件。需要监理方提供相应的资质证明和授权书。

中国电信：该工程的最终受益者，以及相关的租用合同。

设备供应商：设备供应商提供设备出厂证明、合格证明以及与设备有关的资料。

3. 沟通方法和途径

最常见的沟通方式是开会、谈判、谈话、做报告，以及对外拜访、约见等。沟通的过程中不仅要注意管理层的沟通，也要注意底层人员与管理者的沟通。诚然，各部门之间的跨部门沟通也是极其重要的。因此在沟通过程中，为确保良好的沟通，可以有这样的沟通技巧：赞美对方、移情入境、轻松幽默、袒露胸怀、求同存异、深入浅出等。

4. 沟通组织结构图

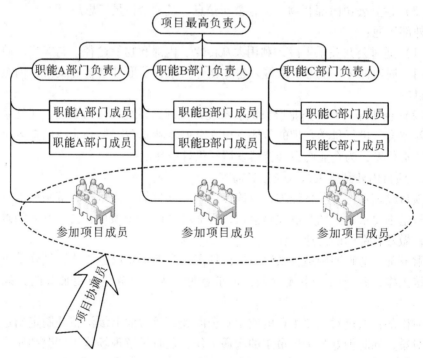

图 3-6　示例一弱矩阵式项目组织结构图

5. 沟通矩阵表（与示例二内容一致）

表 3-56   示例一沟通矩阵表

<table>
<tr><td colspan="9">沟通矩阵表</td></tr>
<tr><td>项目名称</td><td colspan="3">南溪区五纵三横铁塔</td><td colspan="2">项目经理</td><td colspan="3">陈翠</td></tr>
<tr><td>编制者</td><td colspan="3"></td><td colspan="2">编制时间</td><td colspan="3"></td></tr>
<tr><td rowspan="2">沟通方法</td><td colspan="8">利益相关者</td></tr>
<tr><td>BSAS</td><td>项目
负责人</td><td>项目经理</td><td>PMC
团队成员</td><td>项目支持
小组</td><td>设计方</td><td>施工方</td><td>供应方</td></tr>
<tr><td>项目月报</td><td>M</td><td>M</td><td>M</td><td>W</td><td>a</td><td>A</td><td>A</td><td>A</td></tr>
<tr><td>总进度计划
（基准）</td><td>M</td><td>M</td><td>W</td><td>W</td><td>a</td><td>A</td><td>A</td><td>A</td></tr>
<tr><td>项目执行计划
（PEP）</td><td>A</td><td>A</td><td>A</td><td>A</td><td>a</td><td>a</td><td>a</td><td>a</td></tr>
<tr><td>项目范围描述</td><td>A</td><td>A</td><td>A</td><td>A</td><td></td><td></td><td></td><td></td></tr>
<tr><td>频率</td><td colspan="3">必须的</td><td colspan="5">可选择的</td></tr>
<tr><td>每周</td><td colspan="3">W</td><td colspan="5">w</td></tr>
<tr><td>每月</td><td colspan="3">M</td><td colspan="5">m</td></tr>
<tr><td>每季</td><td colspan="3">Q</td><td colspan="5">q</td></tr>
<tr><td>需要</td><td colspan="3">A</td><td colspan="5">a</td></tr>
</table>

实训九　采购与合同规划

一、实训背景

项目采购管理是指在项目执行过程中对项目团队从外部寻求和采购的材料、器械和劳务等各种项目所需资源的管理过程。

项目所需的资源主要有两种：一种是有形的商品，一种是无形的劳务。对于一般项目而言，商品包括各种原材料、设备、工具、器械、仪器、能源等实物，而劳务则包括各种项目实施、项目管理、专家咨询、中介服务等，项目所需劳务的最主要构成是总承包商和分包商承担的项目实施任务。

采购管理的重要性：

①降低固定成本和经常性成本。

②可以使客户组织把重点放在核心业务上。

③得到技能和技术。

④提高经营的灵活性。

⑤提高责任性。

二、实训任务及说明

1. 采购管理的工作流程

请简要说明采购工作的流程和内容。

2. 项目资源需求

应对项目需要的资源种类、数量、质量、需要时间和采购途径做总体说明。

3. 工程类招标采购计划安排

根据总进度安排，对工程类各个工作包进行采购计划安排。请结合 WBS 和分包形式，对主要承包商、分包商和甲方供应设备及材料进行采购时间安排。

4. 管理\咨询\技术工作类的采购计划安排

根据总进度安排，对项目所需的设计、监理和监测等咨询服务进行采购时间安排。

5. 分包形式和合同结构

应给出分包体系和合同结构图。

6. 相应的合同形式

针对上述合同体系，详细说明每类合同的合同类型。

7. 招投标方式和评标的方法及标准

针对每个合同，确定招投标的方式和评标的办法，列表说明。

8. 采用的合同条件

可自选咨询类、施工类、材料类的任一合同形式，简要说明合同的内容，并附合同的通用条款和专用条款。

9. 采购控制的工作措施和方法

请简要说明采购控制的工作流程、内容和责任人。

10. 合同事前、事中和事后的控制方法和内容

请简要说明合同控制的工作流程、内容和责任人。

表 3-57　　　　　　　　采购与合同规划实训任务说明表

本实验涉及内容	对应详细具体信息	要求
所属知识领域	采购	√
所属过程组	规划	√
含义	记录项目采购决策、明确采购方法、识别潜在卖方	√
所处项目管理过程	规划采购	√
之前管理过程	制订项目管理计划	
随后应进行的项目管理过程	实施采购	√

表3-57(续)

本实验涉及内容	对应详细具体信息	要求
项目管理详细任务	哪些项目需求最好或必须通过从项目组织外部采购产品、服务或成果来实现，而哪些项目需求可由项目团队自行完成	
	记录项目采购决策、明确采购方法、识别潜在卖方	
可交付成果	采购管理计划 采购工作说明书 自制外购决策 采购文件 供方选择标准	
运用的工具与技术	专家判断 自制外购分析 合同类型	
角色	项目采购经理	

三、实训相关附件及模板

表 3-58　　　　　　　　　　　采购计划表

采购计划表														
填表单位：（公章）			填表日期：				计划表编号：					号		
序号	采购物品名称	规格	型号	量	采购预算金额（元）		参考品牌及型号	配置标准及性能要求	供应商范围要求	预计采购执行月份	最迟供货时间	资金来源（元）			备注
					市场参考单价	合计						上级拨入资金	自筹资金	其他	
1															
2															
合计					————	————	————	————	————						—
单位负责人					填表人				办公电话			手机			

四、采购与合同规划示例

示例一　通信建设项目

1. 采购管理的工作流程

采购管理内容是从收到"请购案件"开始进行分发采购案件，由采购经办人员先核对请购内容，查阅"厂商资料""采购记录"及其他有关资料后，开始办理询价，于报价后，整理报价资料，拟订议价方式及各种有利条件，进行议价，办妥后，依核决权限，呈核订购。

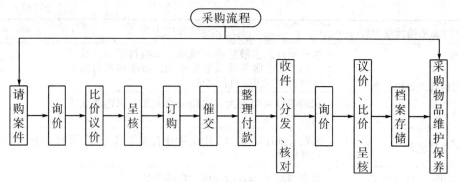

图 3-7　示例一采购流程图

请购案件

· 请购单各栏填写是否清楚

· 按分配原则分派请购案件

· 急件优先分派办理

· 无法于需用日期办妥者利用"交货期联络单"通知请购部门

· 撤销请购单应先送办理

询价

· 交货期无法配合需用日期时联络请购部门

· 充分了解请购材料的品名、规格

· 急件或需用日期接近者应优先办理

· 向厂商详细说明品名、规格、质量要求、数量、扣款规定、交货期、地点、付款办法

· 同规格产品有几家供应宜均询价

· 有否其他较有利的代用品或对抗品

· 应提供同规格，不同厂牌做比较

· 有否必要办理售后服务及保固年限

· 新厂商产品，是否需经检验试用

比价、议价

· 厂商的供应能力是否能按期交货、质量确认

· 是否是殷实可靠的生产厂或直接进口商

· 其他经销商价格是否较低

· 经成本分析后，设定议价目标

· 是否有必要向厂商索取型号比较

· 价格上涨下跌有何因素

· 是否有必要开发其他厂商或转外购

· 规定几万元以上的案件呈副经理议价或设定议价目标

呈核

· 请购单上应详细注明与厂商议定的买价条件

· 买卖惯例需超交者应注明

・现场选用较贵材料时，联络请购部门述明原因

・按核决权限呈核

订购

・需预付定金，内外销价需办退税或规定多少金额以上或有附带条件等应制定买卖合同

・再向厂商确认价格、交货期、质量条件

・分批交货者在请购单上盖分批交货单

・订购单（采用联络函式传真机）寄交厂商，无法按需用日期交货的案件联络请购部门

催交

・约交日期前应再确认交货期

・无法于约交日期前交货时联络请购部门并列入交货期异常控制表内催办

・已逾约交货日期尚未到货者加紧催交

整理付款

・发票抬头及内容是否相符

・发票金额与请购单价格是否相符

・有否预付款或暂借款，应处理

・是否需要扣款

・需要办退税的请购单转告退税部门

・以内销价采购供外销用材料，应允收齐退税同意书始得办理付款

收件、分发、核对

・收件

・按分配原则指派经办人

・核对品名

・核对规格

・核对数量

・核对需要日期

询价

・选择询价对象及地区

・询价

・整理报价资料

・确认询价内容

・寻找对抗品

・选择开发对象

・询价索样

・整理对抗品资料及样品送样

・整理检验结果

议价、比价、呈核

・调查市场行情

- 核对资金预算
- 选择议价对象
- 研拟底价
- 研议采购条件
- 议价（或公开比价）
- 填写上次报价记录
- 估算海（空）运费
- 估算保险费
- 核对付款条件
- 比较交货期限
- 检查卸货条件
- 估算关税
- 按核决权限呈核

档案存储

所有供应商名片、报价单、合同等资料需分类归档备查，并连同采购人员自购物品价格信息每天录入至采购部价格信息库。

采购物品的维护保养

如所购买的物品是需要日后维修保养的，选择供应商时便需要注意这一项。对设备等项目的购买，采购员要向工程部咨询有关自行维护的可能性及日后保养维修方法。同时，事先一定要向工程部了解所购物品能否与酒店的现有配套系统兼容，以免造成不能配套或无法安装的情况。

2. 采购计划表

表 3-59   示例一采购计划表

采购计划表															
填表单位：（公章）			填表日期：2015 年 9 月 23 日					计划表编号：					号		
序号	采购物品名称	规格	型号	量	采购预算金额（元）		参考品牌及型号	配置标准及性能要求	供应商范围要求	预计采购执行月份	最迟供货时间	资金来源（元）			备注
					市场参考单价	合计						上级拨入资金	自筹资金	其他	
1	电力电缆	ZR-VV	4 * 25	10	47.99	1 593.38				11	12/1	是			
2	电力电缆	ZR-VV	1 * 50	8	21.50	142.79				11	12/1	是			
3	电力电缆	ZR-VV	1 * 35	3	14.99	37.32				11	12/1	是			
4	蓄电池组	48V	150AH	2	4 153	8 306				11	12/1	是			
5	迷你机房综合柜	600A	48V（满配00A，本次配置150A）	1	23 742.8	23 742.8				11	12/1	是			
6	动环监控			1	3 000	3 000				11	12/1	是			
7	零星材料费			1	300	300				11	12/1	是			

表3-59（续）

采购计划表										
8	蓄电池防盗组件		1	650	650			11	12/1	是
9	地排线		1	300	300			11	12/1	是
10	动环监控组件		1	400	400			11	12/1	是
合计				38 472.39						-
单位负责人	陈翠				填表人	韩婕	办公电话		手机	

3. 项目资源需求

项目资源需求：需要电缆和蓄电池组、环动监控、迷你机房综合柜、地排线等配套材料，具体细节见采购计划表。

4. 工程类招标采购计划安排

根据总进度安排，对工程类各个工作包进行采购计划安排。请结合WBS和分包形式，对主要承包商、分包商和甲方供应设备及材料进行采购时间安排。

主要承包商：增加天线支架（10/10～10/13）；增加平台（10/10～10/15）；拆除平台（10/10～10/13；降塔高10/15～10/16；增加构件10/15～10/16；加拉线10/15～10/16；加硬支撑10/15～10/16。屋面增高架（10/10～10/15）：规格12米；拉线桅杆（10/14～10/20）：规格12米；屋面抱杆（10/18～10/20）：规格6米。

甲方供应设备：供应的材料详见表格，需在12月10日前将所有材料交付承包商或者分包商。

5. 管理\咨询\技术工作类的采购计划安排

根据总进度安排，对项目所需的设计、监理和监测等咨询服务进行采购时间安排。

表3-60　　　　示例一采购计划安排

项目	采购时间	开始时间	结束时间	所需人数	所属机构
设计人员	2015/9/30	2015/10/1	2015/10/9	2	勘察设计院
监理	2015/10/12	2015/10/13	2017/7/27	1	监理机构
监测	2015/10/12	2015/10/27	2017/7/27	1	监理机构

6. 合同形式和合同结构

承包体系：施工总承包。

新建项目：屋面增高架、屋面拉线桅杆、屋面抱杆。

改造项目：增加天线支架、增加平台、拆除平台、降塔高、增加构件、加拉线、加硬支撑。

承包商主要做新建项目和改造项目两部分。

合同结构图：

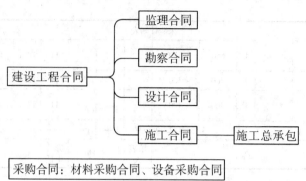

图 3-8　示例一合同机构图

7. 相应的合同形式

主要采用书面形式。

书面形式是指当事人双方用书面方式表达相互之间通过协商一致而达成的协议。在签订书面合同时，当事人应注意，除主合同之外，与主合同有关的电报、书信、图表等，也是合同的组成部分，应同主合同一起妥善保管。书面形式便于当事人履行，便于管理和监督，便于举证，是经济合同当事人使用的主要形式。它具有权利义务关系明确，有据可查，便于预防和处理纠纷的优点。并可作如下分类：

（1）一般书面形式和特殊书面形式。前者指行为人采用普通文字形式进行意思表示。如书面合同、授权委托书、书信和电报等。后者指行为人除采用普通文字进行外，还须履行法律所规定的其他形式，才能完成意思表示。如经公证、鉴证、审核、登记等。

（2）法定书面形式和约定书面形式。前者指由法律规定当事人必须以文字形式进行意思表示，后者指由双方当事人协商确定以某种书面形式进行意思表示。各国民法对民事法律行为的成立均重视书面形式。

勘察合同：属于建设工程合同。

监理合同：属于建设工程合同。

设计合同：属于建设工程合同。

施工合同：属于建设工程合同。

材料采购合同、设备采购合同：属于采购合同。

8. 招投标方式和评标的方法及标准

针对每个合同，确定招投标的方式和评标的办法，列表说明。

表 3-61　　　　　　　示例一合同、招投标、评标列表

合同类型	招投标方式	评标方法
勘察合同	公开招标	综合评估法
设计合同	公开招标	综合评估法
监理合同	公开招标	综合评估法

表3-61（续）

合同类型	招投标方式	评标方法
施工合同	公开招标	综合评估法
采购合同	邀请招标	综合评估法

招标方式：公开招标、邀请招标、议标。

评标方法：最低投标价法、合理最低价评标法、专家评议法、寿命周期成本评标法

综合评估法：最大限度地满足招标文件中规定的各项综合评价标准的投标，应当推荐为中标候选人。

9. 采用的合同条件

合同的内容，即合同的当事人订立合同的各项具体意思表示，具体体现为合同的各项条款。

合同内容通用条款：

·当事人的名称或者姓名和住所

·标的

·数量

·质量

·价款或者报酬

·履行期限、地点和方式

·违约责任

·当事人的名称或者姓名和住所

合同的专用条款：见通信工程合同文本（附件5）。

10. 采购控制的工作措施和方法

简要说明采购控制的工作流程、内容和责任人。

采购控制流程：

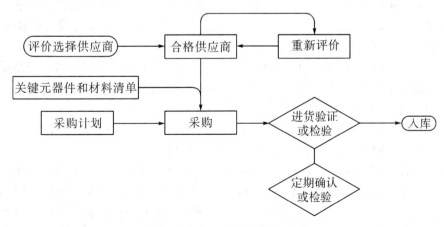

图 3-9　示例一采购控制流程图

表 3-63　　　　示例一采购控制的工作流程、内容和责任人说明表

流程	内容	责任人
评价选择供应商	评价供应商资质、供应商能力、供应商的有关产品介绍、供货业绩记录、质量状态等材料	韩婕
采购计划	编写采购计划，以及采购用途	韩婕
采购清单	填写采购清单，详细注明与厂商议定的买价条件，注明买卖惯例需超交者	韩婕
采购审核	审核采购计划和采购清单	陈翠
进货验证	审核采购的材料和设备的质量、型号和合格证明以及出厂证明	韩婕
入库	设备入库，填写入库单，所有供应商名片、报价单、合同等资料须分类归档备查，并连同采购人员自购物品价格信息每天须录入至采购部价格信息库	韩婕

11. 合同事前、事中和事后的控制方法和内容

合同控制的责任人：韩婕。

（1）合同事前控制方法

· 熟悉合同条款，要求施工单位按合同及规范认真施工。

· 按合同规定的条件，督促业主如期提交施工现场，使本工程各项目能如期开工，正常连续施工，不要违约造成索赔条件。

· 按合同由建设单位供应的材料、设备要及时到现场，不要影响施工单位施工，否则违约会造成索赔条件。

· 按合同要求，业主及时提供设计图纸技术资料，不要违约造成索赔条件。

（2）合同事中控制方法

· 按合同规定，及时答复施工单位提出的问题和要配合解决的问题，不要造成违约，给施工单位索赔的条件。

· 施工单位提出的索赔（原因有：资金投资不足，并不能及时到位，业主图纸未及时到位，甲供的工程材料未及时到施工现场，现场施工与设计图纸有矛盾）要依据合同条款公正处理。

· 建设单位提出索赔（原因有：资金调用失控，采用的工程材料、产品质量差，出现施工质量问题，人力、技术力量不足），要依据合同条款公正处理。

（3）合同事后控制方法

· 根据合同要求搞好竣工决算方面的监理工作，减少合同纠纷的措施。

· 复查合同文件，预先解决合同文件的矛盾和分歧。

合同管理工程师在开展工作之前应认真研究合同文件并进行复查，找出合同各种文件存在的矛盾或含糊不清之处。如：合同通用条件和专用条件之间的差异、技术规范与施工图纸间的不同、遗漏和矛盾、勘察设计资料与实际工程水文和地质条件之间的差异等，通过会议解决，避免双方在合同执行期间产生的纠纷。

·及时提供确切无误的有关资料。

监理工程师在全面研究合同文件后，应对甲方和施工单位提供的资料，组织有关专业的监理工程师复查，确保资料准确无误。

·提示业主按期完成应尽义务。

监理工程师要做好业主的参谋，及时提示业主按照合同规定的时间及时履行为施工单位提供施工图纸、支付工程款等各项合同义务，避免因业主工作失误产生合同纠纷。

·加强计划管理。

在工程施工期间，应跟踪施工单位的月度进度计划的执行情况，及时调整施工安排，避开可能发生的延误事件。如果因不可抗拒等因素造成无法避免的，提示施工单位做出减少遭受损失的措施。

·协调承包单位之间的交叉作业。

在工程施工期间存在着和各段承包单位的相互合作、交叉作业的问题，并可能因此产生对双方不利的影响。监理工程师通过周一、周五例会统一协调施工中存在的问题，责令限期整改。

·及时、准确处理延期和索赔。

示例二 土建工程项目

表 3-64　　　　　　　　　　示例二采购计划表

填表单位：（公章）				填表日期：		2014 年 10 月 13 日		计划表编号：001		
序号	采购物品名称	规格型号	数量（吨）	采购预算金额（元）		预计采购执行月份	最迟供货时间	资金来源（元）		
				市场参考单价	合计			上级拨入资金	自筹资金	其他
1	线材	Φ6.5-Φ10 Q235	100	4 400	440 000	2015.1	2015.5	100 000	340 000	
2	圆钢	Φ12-Φ20	10	4 500	45 000	2015.1	2015.5	45 000	0	
3	圆钢	Φ20 以上	50	4 400	220 000	2015.1	2015.5	100 000	120 000	
4	螺纹钢	φ12~φ14 HRB335 Ⅱ级	50	4 450	222 500	2015.1	2015.5	100 000	122 500	
5	螺纹钢	φ16~φ22 HRB335 Ⅱ级	50	4 380	219 000	2015.1	2015.5	100 000	119 000	
6	螺纹钢	φ25 及以上 HRB335 Ⅱ级	50	4 380	219 000	2015.1	2015.5	100 000	119 000	
7	螺纹钢	φ12~φ14 HRB400 Ⅲ级	60	4 500	270 000	2015.1	2015.5	100 000	170 000	
8	扁钢	1~5×15~120	10	4 600	46 000	2015.1	2015.5	20 000	26 000	
9	扁钢	8~60×4~10	10	4 600	46 000	2015.1	2015.5	20 000	26 000	
10	普通钢板	δ=0.5~1	200	4 900	980 000	2015.1	2015.5	250 000	730 000	
11	普通钢板	δ=1.0~2.0	200	4 900	980 000	2015.1	2015.5	250 000	730 000	
12	普通钢板	δ=2.0~3.0	200	4 900	980 000	2015.1	2015.5	250 000	730 000	
13	普通钢板	δ=3.0~4.0	200	4 900	980 000	2015.1	2015.5	250 000	730 000	
14	普通钢板	δ=4.0~5.0	300	4 850	1 455 000	2015.1	2015.5	455 000	1 000 000	
15	普通钢板	δ=5.0~6.0	100	4 850	485 000	2015.1	2015.5	200 000	285 000	
16	普通钢板	δ=6.0~7.0	100	4 850	485 000	2015.1	2015.5	200 000	285 000	

表3-64（续）

	填表单位：（公章）			填表日期：	2014 年 10 月 13 日		计划表编号：001	
17	镀锌钢板	δ=0.5-0.65	50	5 800	290 000	2015.1	2015.5	90 000	200 000
18	镀锌钢板	δ=0.7-0.9	50	5 800	290 000	2015.1	2015.5	90 000	200 000
19	镀锌钢板	δ=1-1.5	50	5 700	285 000	2015.1	2015.5	85 000	200 000
20	镀锌钢板	δ=1.6-1.9	50	5 700	285 000	2015.1	2015.5	85 000	200 000
21	焊接钢管	DN15	70	4 800	336 000	2015.1	2015.5	100 000	236 000
22	焊接钢管	DN20	70	4 800	336 000	2015.1	2015.5	100 000	236 000
23	焊接钢管	DN25-32	70	4 800	336 000	2015.1	2015.5	100 000	236 000
24	焊接钢管	DN40-50	70	4 800	336 000	2015.1	2015.5	100 000	236 000
25	普通硅酸盐水泥	32.5	100	450	45 000	2015.1	2015.5	0	45 000
26	普通硅酸盐水泥	42.5	200	480	960 000	2015.1	2015.5	60 000	9 000 000
27	普通硅酸盐水泥	52.5	200	530	106 000	2015.1	2015.5	0	106 000
28	矿渣硅酸盐水泥	32.5	200	400	80 000	2015.1	2015.5	0	80 000
29	矿渣硅酸盐水泥	42.5	300	420	126 000	2015.1	2015.5	0	126 000
30	矿渣硅酸盐水泥	52.5	200	480	96 000	2015.1	2015.5	0	96 000
31	商品砼	C10	100	380	38 000	2015.1	2015.5	0	38 000
32	商品砼	C15	200	390	78 000	2015.1	2015.5	0	78 000
33	商品砼	C20	400	400	160 000	2015.1	2015.5	0	160 000
34	商品砼	C25	500	410	205 000	2015.1	2015.5	0	205 000
35	商品砼	C30	700	450	315 000	2015.1	2015.5	0	315 000
单位负责人	范海洋	填表人		刘彦好	联系电话		0871-65556555	

实训十　制订进度计划

一、实训背景

活动持续时间是指在项目特定的条件下，完成该活动所需的时间。

估算活动持续时间是进度计划的核心工作，不仅要估算完成每个进度活动所需的时间，还要根据紧前活动估算出最早开始时间，根据紧后工作估算出最迟开始时间。活动持续时间的长短，不止是取决于活动本身的工作量和完成工作的可用人数，还取决于投入活动的资源量和人员技能水平，以及各种冲突与环境因素。

项目进度计划是记录每项活动的开始与结束时间，以及各个活动之间的逻辑关系的综合性文件。为项目的执行和控制提供依据，以便对项目实施过程中所需的资源进行预置。

项目进度控制是因为项目计划只是根据预测而做出的安排，而在执行项目的过程中会遇到一些无法预见的问题因而产生偏差，这就需要对计划作出相应的调整。因此，在项目的执行中，必须不断地监控项目的进程，掌握项目计划的实施状况，将实际情况与项目计划进行比较分析，必要时采取有效的对策，使项目按预定的进度目标进行，以免延误工期。

二、实训任务及说明

估算活动时间主要依据已有的工作包信息进行估算，应由项目团队中最熟悉该项活动的人员来进行估算。

估算活动持续时间可以采用专家判断、类比估算、单一时间估算或者三个时间估算（PERT）等技术。专家判断主要依赖于历史经验和信息，当然其结果也具有一定的不确定性和风险；类比估算就是根据以往类似的实际项目的工作时间来推测估计当前活动的时间；单一时间估算是基于历史数据，建立活动持续时间与某些因素之间的统计关系进行估算，估计一个最可能的工作实现时间；PERT估算是先估算出活动的最乐观、最悲观和最可能的持续时间，通过公式：

期望时间 ＝（乐观时间 ＋ 悲观时间 ＋ 4 × 可能时间）/6

计算得出。

项目进度计划主要依据项目的假设条件和制约因素，明确活动之间的逻辑关系。

活动间的逻辑关系可以分为结束到开始、开始到开始、结束到结束和开始到结束四种基本类型。在制订进度计划时应该注意进度的优化。

项目进度计划应包括主要活动的网络图和详细的进度计划横道图（可用PROJECT制作）。应标注关键线路和关键活动，及重要的里程碑事件。

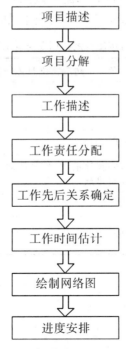

图 3-9 项目进度计划流程图

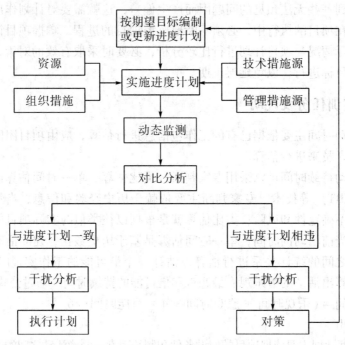

图 3-10 项目进度控制流程图

计划方法应是首先根据总工期要求，确定里程碑事件和总进度安排，再确定详细网络图和横道图。请采取压缩或优化工期的措施，如平行施工、流水施工和搭接施工。

编制过程中应对进度控制的内容和流程做说明。同时，对容易出现拖延的工作，请说明应对的措施以及需要的资源（对应于风险控制）。

表 3-65   **制订进度计划实训任务说明表**

本实验涉及内容	对应详细具体信息	要求
所属知识领域	进度	√
所属过程组	规划	√
含义	制订进度计划	√
所处项目管理过程	定义活动-排序活动-估算活动资源-估算活动历时-制定进度表	√
之前管理过程	制定 WBS	
随后应进行的项目管理过程	进度控制	√

表3-65（续）

本实验涉及内容	对应详细具体信息	要求
项目管理详细任务	识别为完成项目可交付成果需采取的具体行动的过程	
	识别和记录项目活动间逻辑关系的过程	
	估算每项活动所需材料、人员、设备或服务器的种类和数据的过程	
	根据资源估算的结果，估算完成单项活动所需工作时段数	
	分析活动顺序、持续时间、资源需求和进度约束，编制项目进度计划的过程	√
可交付成果	活动清单 活动属性 里程碑清单（定义活动） 项目进度网络图（排序活动） 活动资源需求 资源分解结构（估算活动资源） 活动历时估算（估算活动历时） 项目进度计划 进度基准 进度数据（制定进度表）	
运用的工具与技术	专家判断 通用 分解 滚动式规划 模板（定义活动） ，备选方案识别（估算活动资源） PDM 紧前关系图 确定依赖关系 提前或滞后 网络模板（排序活动） 出版的估算数据 自下而上估算 项目管理软件（估算活动资源） 类比估算 参数估算 三点估算 储备分析（估算活动历时） 进度网络分析 关键路径法 关键链 资源平衡假设情景分析 进度压缩 进度计划编制工具（制定进度表）	√
角色	项目进度经理	√

三、实训相关附件及模板

表 3-66　　　　　　　　　**活动持续时间估算表**

活动持续时间估算表					
项目名称			项目经理		
编制者			编制时间		
序号	活动编号	活动名称	活动持续时间	变动区间	估算依据及假设
1					
…					

表 3-67　　　　　　　　　　　　　　　**项目进度计划表**

项目进度计划表				
项目名称		项目经理		
编制者		编制时间		
序号	活动编号	活动名称	持续时间	紧前活动
1				
…				

表 3-68　　　　　　　　　　　　**项目关键点检查报告表**

项目关键点检查报告			
项目名称		项目经理	
编制者		编制时间	
关键点名称		检查组名称	
检查组负责人		报告人	
报告日期		报告份数	
对关键点的目标描述			
关键点结束时间与计划时间相比			
提交物是否能满足性能要求			
估计项目以后发展态势			
检查组负责人的审核意见		签名	日期

表 3-69　　　　　　　　　　　　　**项目执行状态报告表**

项目执行状态报告			
项目名称		项目经理	
编制者		编制时间	
任务名称		任务编码	
报告日期		状态报告份数	
实际进度与计划进度相比			
投入工作时间加未完成工作的计划时间和计划时间相比			
提交物是否能满足性能要求			
任务能否按时完成			
现在人员配备状况			
现在技术状况			
任务完成估测			
潜在风险分析与建议			
检查组负责人的审核意见		签名	日期

表 3-70   **工作完成报告表**

工作完成报告表			
项目名称		项目经理	
编制者		编制时间	
任务名称及编码		结束日期	
交付物的性能特点			
实际工作时间和计划时间相比			
实际成本和估计费用相比			
实施过程中遇到的重大技术问题及解决办法			
评审意见			
紧后工作名称及编码			
紧后工作计划及措施			
检查组负责人的审核意见		签名	日期

四、制订进度计划示例

示例一 通信建设项目

1. 活动持续时间估算表

表 3-71   **示例一活动持续时间估算表**

活动持续时间估算表					
项目名称			项目经理		
编制者			编制时间		
序号	活动编号	活动名称	活动持续时间	变动区间	估算依据及假设
1	1	勘察设计	21 天		
2	1.1	聘请勘察机构	1 天	(1, 2)	
3	1.2	实地勘察	5 天	(3, 7)	
4	1.3	形成并交付勘察报告及设计图纸	15 天	(12, 18)	
5	2	招标	11 天		
6	2.1	监理单位招标	3 天	(1, 5)	
7	2.2	发布招标文件	2 天	(1, 4)	
8	2.3	建设单位招标	5 天	(4, 7)	
9	2.4	签招标合同	1 天	(1, 1)	

表3-71(续)

10	3	投资建设	154 天		
11	3.1	土建	154 天		
12	3.1.1	成本控制	154 天		
13	3.1.2	质量控制	154 天		
14	3.1.3	进度控制	154 天		
15	3.1.4	工程变更控制	154 天		
16	3.2	安装	31 天		
17	3.2.1	设备采购	3 天	(1, 4)	
18	3.2.2	安装前准备	3 天	(2, 5)	
19	3.2.3	设备安装	15 天	(12, 17)	
20	3.2.4	设备加电	5 天	(3, 7)	
21	3.2.5	设备测试	5 天	(3, 7)	
22	4	竣工验收	18 天		
23	4.1	竣工资料准备	5 天	(2, 6)	
24	4.2	竣工验收	10 天	(6, 12)	
25	4.3	竣工结算	3 天	(1, 4)	
26	5	交付使用	62 天		
27	5.1	试运营	60 天		
28	5.2	交付使用	2 天	(1, 5)	

2. 项目进度计划表

表 3-72　　　　　　　　　　示例一项目进度计划表

项目进度计划表					
项目名称			项目经理		
编制者			编制时间		
序号	活动编号	活动名称		持续时间	紧前活动
1	1	勘察设计		21 天	
2	1.1	聘请勘察机构		1 天	
3	1.2	实地勘察		5 天	2
4	1.3	形成并交付勘察报告及设计图纸		15 天	3
5	2	招标		11 天	
6	2.1	监理单位招标		3 天	4
7	2.2	发布招标文件		2 天	6

表3-72(续)

8	2.3	建设单位招标	5 天	7
9	2.4	签招标合同	1 天	8
10	3	投资建设	154 天	
11	3.1	土建	154 天	
12	3.1.1	成本控制	154 天	9
13	3.1.2	质量控制	154 天	12SS
14	3.1.3	进度控制	154 天	13SS
15	3.1.4	工程变更控制	154 天	14SS
16	3.2	安装	31 天	
17	3.2.1	设备采购	3 天	15
18	3.2.2	安装前准备	3 天	17
19	3.2.3	设备安装	15 天	18
20	3.2.4	设备加电	5 天	19
21	3.2.5	设备测试	5 天	20
22	4	竣工验收	18 天	
23	4.1	竣工资料准备	5 天	21
24	4.2	竣工验收	10 天	23
25	4.3	竣工结算	3 天	24
26	5	交付使用	62 天	
27	5.1	试运营	60 天	24
28	5.2	交付使用	2 天	27

3. 项目执行状态报告

表3-73　　　　　　　　　　示例一项目执行状态报告

项目执行状态报告			
项目名称		项目经理	
编制者		编制时间	
任务名称	设备安装	任务编码	3.2.3
报告日期	2016/6/5	状态报告份数	
实际进度与计划进度相比	提前		
投入工作时间加未完成工作的计划时间和计划时间相比			
提交物是否能满足性能要求	是		

表3-73(续)

任务能否按时完成	能
现在人员配备状况	
现在技术状况	良好
任务完成估测	能提前完成
潜在风险分析与建议	1. 吊装伤害　2. 人身伤害　3. 高处坠落　4. 设备损害 1. 开展安全分析　2. 安装准备　3. 设备安装安全注意事项
检查组负责人的审核意见		签名		日期	

4. 项目关键点检查报告

表 3-74　　　　**示例一项目关键点检查报告**

<table>
<tr><td colspan="4" style="text-align:center">项目关键点检查报告</td></tr>
<tr><td>项目名称</td><td></td><td>项目经理</td><td></td></tr>
<tr><td>编制者</td><td></td><td>编制时间</td><td></td></tr>
<tr><td>关键点名称</td><td>形成并交付勘察报告及设计图纸</td><td>检查组名称</td><td></td></tr>
<tr><td>检查组负责人</td><td>唐丽</td><td>报告人</td><td></td></tr>
<tr><td>报告日期</td><td></td><td>报告份数</td><td></td></tr>
<tr><td>对关键点的目标描述</td><td colspan="3">勘察报告、设计图纸</td></tr>
<tr><td>关键点结束时间与计划时间相比</td><td colspan="3">提前</td></tr>
<tr><td>提交物是否能满足性能要求</td><td colspan="3">是</td></tr>
<tr><td>估计项目以后发展态势</td><td colspan="3"></td></tr>
<tr><td>检查组负责人的审核意见</td><td></td><td>签名</td><td>日期</td></tr>
</table>

示例二 土建工程项目

表 3-75　　　　　　　　　**示例二活动清单**

序号	活动编号	活动名称	活动描述
1	1.1	施工技术方案	根据合同段时期的实际和工期要求,布置施工方案,技术方案和相应的准备应急方案,各分部分项工程逐一进行
2	1.2	质量体系措施	根据某甲市施工标准进行施工现场规划,按照质量保证体系做到要点控制并进行具体措施的实施
3	1.3	施工工序	分部分项地进行,首先完成大体的施工要点,其次是对重点难点施工方案进行深入具体的实施
4	1.4	施工进度计划	规定主要施工准备工作和主体工程的开工、竣工和投产发挥效益等工期、施工程序和施工强度的技术,根据进度不断调整计划

表3-75(续)

序号	活动编号	活动名称	活动描述
5	1.5	安全文明施工保证	以公司经理为首,项目经理为第一责任人的安全生产管理领导小组,遵从国家相关法律法规,制定安全检查制度
6	1.6	其他	严格执行操作规程,不得违章指挥和违章作业,施工作业时应正确穿戴个人防护用品等

表 3-76   示例二里程碑计划

阶段序号	阶段名称	阶段负责人	里程碑交付成果名称	里程碑交付成果验收标准	验收人	阶段结束时间
一	主体施工	张钰松	主体材料、标高交付	材料、标高符合图纸要求	罗莉	2015 年 7 月 15 日
二	砌体施工	张钰松	砖石砌体交付	透水砖、料石数量、质量符合图纸要求	罗莉	2015 年 9 月 1 日
三	墙壁粉饰	陈睿	真石漆墙壁交付	腻子、砂浆、真石漆厚度、均匀度符合图纸要求	罗莉	2015 年 10 月 1 日
四	水电安装	陈睿	给排水、家用线路交付	PVC 管,电线长度、规格、摆放位置符合图纸要求	罗莉	2015 年 10 月 1 日
五	门窗安装	陈睿	塑钢窗户、木门交付	塑钢窗户尺寸和木门尺寸符合图纸要求	罗莉	2015 年 11 月 1 日
六	内墙粉刷	陈睿	乳胶漆墙壁交付	腻子、砂浆、乳胶漆厚度、均匀度符合图纸要求	罗莉	2015 年 12 月 1 日
七	屋面施工	张钰松	SBS 防水卷材交付	SBS 卷材尺寸、质量符合设计要求,砂浆找平验收合格	罗莉	2016 年 1 月 15 日
八	室内装修	陈睿	别墅精装修交付	地板天花板质量、砂浆粘合度符合设计要求	罗莉	2016 年 2 月 25 日
九	收尾工程	陈睿	清理、收尾	9 栋别墅室内外杂物清理	罗莉	2016 年 4 月 17 日
十	竣工验收	范海洋	9 栋别墅交钥匙	对主体、屋面防水做竣工验收	范海洋	2016 年 4 月 20 日

表 3-77　　　　　　　　　　示例二活动持续时间估算

序号	编号	活动名称	持续时间	变动区间	估算依据与假设
1		地下室清土	15 天	±2	活动的期望值 = （最乐观的时间+最悲观的时间+最可能的时间）
2		地下室垫层	15 天	±3	活动的期望值 = （最乐观的时间+最悲观的时间+最可能的时间×4）/6
3		地下室筏板	20 天	±2	活动的期望值 = （最乐观的时间+最悲观的时间+最可能的时间×4）/6
4		地下室结构	40 天	±3	活动的期望值 = （最乐观的时间+最悲观的时间+最可能的时间×4）/6
5		夹层结构	7 天	±2	活动的期望值 = （最乐观的时间+最悲观的时间+最可能的时间×4）/6
6		1~8 层结构	56 天	±3	活动的期望值 = （最乐观的时间+最悲观的时间+最可能的时间×4）/6
7		出屋面及女儿墙	7 天	±2	活动的期望值 = （最乐观的时间+最悲观的时间+最可能的时间×4）/6
8		砌砖	50 天	±4	活动的期望值 = （最乐观的时间+最悲观的时间+最可能的时间×4）/6
9		现场临时设施布置	3 天	±2	活动的期望值 = （最乐观的时间+最悲观的时间+最可能的时间×4）/6
10		主要机械进场安排	3 天	±3	活动的期望值 = （最乐观的时间+最悲观的时间+最可能的时间×4）/6
11		施工人员熟悉图纸	4 天	±2	活动的期望值 = （最乐观的时间+最悲观的时间+最可能的时间×4）/6
12		计划安排	5 天	±1	活动的期望值 = （最乐观的时间+最悲观的时间+最可能的时间×4）/6
13		测量定位放线	2 天	±2	活动的期望值 = （最乐观的时间+最悲观的时间+最可能的时间×4）/6
14		清土至基础垫层	62 天	±4	活动的期望值 = （最乐观的时间+最悲观的时间+最可能的时间×4）/6
15		地下室底板	20 天	±2	活动的期望值 = （最乐观的时间+最悲观的时间+最可能的时间×4）/6
16		地下室顶板	40 天	±4	活动的期望值 = （最乐观的时间+最悲观的时间+最可能的时间×4）/6
17		主体结构施工	70 天	±4	活动的期望值 = （最乐观的时间+最悲观的时间+最可能的时间×4）/6
18		屋面工程	30 天	±2	活动的期望值 = （最乐观的时间+最悲观的时间+最可能的时间×4）/6
19		砌体完成	45 天	±3	活动的期望值 = （最乐观的时间+最悲观的时间+最可能的时间×4）/6

工程项目管理综合技能实训教程

表3-77（续）

序号	编号	活动名称	持续时间	变动区间	估算依据与假设
20		各栋号施工图内容完成	85 天	±5	活动的期望值＝（最乐观的时间+最悲观的时间+最可能的时间×4）/6
21		清理、收尾	30 天	±2	活动的期望值＝（最乐观的时间+最悲观的时间+最可能的时间×4）/6

表 3-78   示例二项目进度计划表

项目进度计划表				
项目名称	御府中央小区工程	项目经理		范海洋
编制者	何春颖	编制时间		2014-10-15
序号	活动编号	活动名称	持续时间	紧前活动
1	2	一般要求	22 天	无
2	5	申请许可	1 天	签定合同和通知以继续进行
3	12	现场工作	3 天	获得其他许可
4	16	地基	69 天	安装地下设施
5	25	搭建框架	94 天	回填地基
6	32	干燥内部	120 天	进行框架检查
7	38	完成外部工程	19 天	按序安装窗户
8	41	工具 Rough-Ins 及完成混凝土浇注	32 天	完成外部侧线
9	50	完成内部工作	290 天	安装通信设备（电话、电缆、计算机和报警设备等）
10	80	绿化和土方工作	291 天	安装器具
11	85	最终认可	8 天	铺草皮和完成绿化工作：后院

实训十一   项目计划书成果展示与点评

一、实训背景

在同学们完成项目计划书之后进行一次成果展示，每个项目经理作为代表讲述一下实训过程中的一些心得体会，实训老师对每组的成果进行点评，让同学们在认识自身不足的同时更能够完成对相关知识的吸收。

二、实训任务及说明

每组同学应该在实训之前将之前实训的资料进行整理，给出完整的项目计划书。在成果展示的过程中，项目经理应该对本项目小组所提交的成果进行必要的说明。

实训指导老师应该就每个实训项目小组所提交的成果进行点评，指出他们的不足之处以及优点。

本次展示有一个评定成绩，将计入最终成绩。

本实训结束后，由实训指导老师随机发放项目突发事件，实训小组按照相应材料进行后续实训。

三、评价要点

项目背景：是否真正了解该项目实施的背景、理由及对项目的总体要求。

项目目标：是否明确可行。

项目总体要求：评价总体范围、可交付成果、总体预算、总体质量要求等。

项目经理的职责和权力：是否充分。

项目利害关系人：识别是否合理。

项目成本计划：是否符合总体预算要求。

项目风险质量计划：是否合理，是否符合总体要求。

项目采购计划：采购物资是否在需求范围内，合同是否符合要求。

项目进度计划：是否符合项目要求。

实训十二 重大突发性事件应对模拟

一、实训背景

与项目相关的重大突发性事件会影响项目的进度、成本、质量等计划，虽然项目有一定的风险规划与应对方案，但实际操作中变化往往大于计划，有些事件是无法预测的。

如果遇到突发性事件对项目产生影响，项目相关管理人员必须做出项目变更以确保项目受到的影响最小化。

二、实训任务及说明

实训指导老师根据项目资料随机给出一个突发性事件，由同学们根据事件情况作出相应的应对方案。

三、实训相关附件及模板

表 3-79   **重大突发性事件报告**

重大突发事件报告			
项目名称		项目经理	
编制者		编制时间	

表3-79（续）

事件发生的时间				
事件发生的部位				
突发性事件的描述				
对项目正常实施影响的程度				
事件发生的初步原因分析				
建议采取的补救措施				
检查组负责人的审核意见		签名	日期	

表 3-80   **项目变更申请报告**

项目变更申请报告				
项目名称		项目经理		
编制者		编制时间		
项目变更原因				
项目变更替代方案描述				
估计项目变更后对总项目进度的影响				
变更时所涉及的相关单位				
检查组负责人的审核意见		签名	日期	
上级项目主管部门审查意见		签名	日期	

表 3-81   **项目进度报告**

项目进度报告					
项目名称			项目经理		
编制者			编制时间		
关键问题	工作范围变化情况				
	进度情况				
	费用情况				
	质量情况				
	技术情况				
对跟踪项目的解释					
工作计划					
问题和办法					
完成人		日期		评审人	日期

四、制订进度计划示例

示例一 通信建设项目

因不可预见因素原因，实际施工工程量比原预算范围有所增加，从而导致工期延误。

表 3-82   **示例一重大突发事件报告**

重大突发事件报告			
项目名称	南溪区五纵三横 基站配套改造工程	项目经理	陈翠
编制者		编制时间	
事件发生的时间	2015 /11 /21		
事件发生的部位	项目施工现场		
突发性事件的描述	居民阻挠工程施工，称基站辐射危害大		
对项目正常实施影响的程度	材料不能进场，工程无法继续施工，亟待协调解决		
事件发生的初步原因分析	协调不到位，居民未充分了解基站详情		
建议采取的补救措施	技术负责人出面协调，安排监理单位办理延期手续		
检查组负责人的审核意见		签名	日期

示例二 土建工程项目

表 3-83   **示例二重大突发性事件报告**

重大突发事件报告					
项目名称	地下室施工		项目经理	范海洋	
编制者	刘彦妤		编制时间	10 月 16 日	
事件发生的时间	2015 年 6~11 月				
事件发生的部位	地下室				
突发性事件的描述	雨季对地下室施工造成严重影响，导致地下室积水严重，部分材料损毁				
对项目正常实施影响的程度	对项目的工期、进度影响大，材料损失严重				
事件发生的初步原因分析	施工场地的防水防护措施不到位，紧急预案不充分				
建议采取的补救措施	1. 制定专门针对气象因素影响工程进度的防护制度 2. 紧急状况突发时，合理安排人员物资，启动突发状况紧急预案 3. 制定严密的工期保证措施				
检查组负责人的审核意见	同意	签名	范海洋	日期	10 月 15 日

表 3-84 示例二项目变更申请报告

项目变更申请报告			
项目名称	御府中央小区 （A2-2／A2-4 地块）建设工程	项目经理	范海洋
编制者	范海洋	编制时间	2015-6-20
项目变更原因	2 栋号温度后浇带施工位置在电梯井开挖边线上，不利于第四单元结构稳定		
项目变更替代方案描述	将 2 栋号温度后浇带位置向外侧移动 7.8 米		
估计项目变更后对总项目进度的影响	需要重新计算温度后浇带到楼栋外侧各桩的距离，全站仪重新定坐标。		
变更时所涉及的相关单位	甲省建委住房建设处、新正阳设计院、华夏房地产开发公司、昆明三建		
检查组负责人的审核意见	同意 签名 王斌	日期	2015/6/27
上级项目主管部门审查意见	同意 签名 张兴魁	日期	2015/6/27

表 3-85 示例二项目进度报告

项目进度报告			
项目名称	御府中央小区 （A2-2／A2-4 地块）建设工程	项目经理	范海洋
编制者	范海洋	编制时间	2016-1-30
关键问题	工作范围变化情况	由原来的土方、主体减少到主体	
	进度情况	三个施工段的土方开挖完毕，1~6 栋号主体完工，7~9 栋号主体正在施工，4~6 栋号正在做装修，1~3 号完成装修，正在做给排水及采暖工作	
	费用情况	501 255 800.00 元整	
	质量情况	3 栋号外墙挡墙在 15/6/14 坍塌过一次，1~9 栋号丙纶防水卷材都有不同程度的鼓包，7~9 栋号由于图纸问题打桩机晚进场一个月	
	技术情况	技术负责、材料员、试验员到位，混凝土运输、振捣，钢筋焊接等技术到位	
对跟踪项目的解释	费用基本符合预算，工期还达不到相应要求，针对甲方问题，项目部进行了索赔，质量方面符合项目允许出现问题，技术配备良好		
工作计划	加快施工进度（再租赁一套模板）、尽可能减少混凝土现场等待时间、加大防水检查工作		
问题和办法			
完成人 范海洋 日期 2016-1-30		评审人 范海洋 日期 2016-1-31	

实训十三　收集工作绩效信息与报告绩效

一、实训背景

收集工作绩效信息是项目执行中的一项重要工作，其目的是在项目的执行过程中通过收集与项目相关的绩效信息与基准进行比较，以便对项目进行全程监控，对项目的执行情况进行考核。

报告绩效的目的在于定期编制与发布项目绩效报告，以此与项目干系人进行沟通。

绩效报告是基于项目计划和工作绩效信息编制的。绩效报告的内容根据工作的简易程度以及具体情况进行安排。无论简繁，其中项目范围、进度、成本和质量方面的绩效状态是必须包含的。

二、实训任务及说明

1. 范围绩效信息

范围绩效信息应收集包括已完成、正在进行和尚未开始的项目与范围和可交付成果。

2. 进度绩效信息

进度绩效信息应包括项目总体进度情况，正常开始或完成的活动，延时开始或完成的关键活动和非关键活动及其延时量。

3. 成本绩效信息

成本绩效信息包括已发生的项目成本的总体情况，符合预算的活动，超过预算的活动及超支金额，低于预算的活动及节约金额。

4. 质量绩效信息

质量绩效信息应包括项目总体质量的实现情况，符合要求、超过要求和低于要求的工作和可交付成果。

报告绩效其实就是收集、整理和汇编项目绩效信息的过程。首先，要收集项目的基本信息，即项目的实施计划书；其次，要收集已有的工作绩效信息资料；最后，再运用各种方法对资料进行整理和汇编，并对未来绩效进行预测。

编制绩效报告时，要进行偏差分析，找出导致实际绩效与基准绩效之间出现差异的原因；还要利用预测方法，以目前的绩效为基础，对项目未来的绩效进行预测。最好以图表的形式来表现。

表 3-86　　　　　收集工作绩效信息与报告绩效实训任务说明表

本实验涉及内容	对应详细具体信息	要求
所属知识领域	沟通	√
所属过程组	监控	√

表3-86(续)

本实验涉及内容	对应详细具体信息	要求
含义	收集并发布绩效信息（包括状态报告、进展测量结果和预测情况）	√
所处项目管理过程	报告绩效	
之前管理过程	指导与管理项目执行	
随后应进行的项目管理过程	整体变更控制，发布信息	√
项目管理详细任务	收集并发布绩效信息（包括状态报告、进展测量结果和预测情况）	
	主要包括合同范围、成本、进度和技术绩效	
可交付成果	变更请求　绩效报告	√
运用的工具与技术	偏差分析　沟通方法　预测方法　报告系统	√
角色	项目经理	√

三、实训相关附件及模板

表 3-87　　　　　　　　　　　**工作绩效信息表**

工作绩效信息表			
项目名称		项目经理	
编制者		编制时间	
项目范围绩效信息			
项目质量绩效信息			
项目进度绩效信息			
项目成本绩效信息			
综合评价			

表 3-88　　　　　　　　　　　**绩效报告模板**

绩效报告					
项目名称			项目经理		
编制者			编制时间		
分项	基准计划	上期末情况（包括偏差）	本期末情况（包括偏差）	偏差分析	预测完工时情况
项目范围绩效					
项目质量绩效					
项目进度绩效					
项目成本绩效					
项目总体绩效评价					

四、收集工作绩效信息示例

示例一 通信建设项目

1. 项目现状介绍

在 2015 年乙省某乙市南溪区五纵三横基站配套改造工程建设项目中，要求团队成员每天完成规定格式的工作日报，并要求项目经理每周进行一次全面的绩效信息收集（汇总）工作。

到 2015 年 11 月 14 日，项目已执行 7 周，各项工作开展顺利，达到预期的质量要求，直接劳动成本适度节约。

到 2015 年 11 月 21 日，项目已经执行 8 周，主要工作顺利展开，部分非关键任务延时，但是在可控范围内，已完成可交付成果达到预期的质量要求，直接劳动成本有所超支。

2. 工作绩效信息表

表 3-89　　　　　　　示例一工作绩效信息表

（截止日期：2015 年 11 月 21 日）

工作绩效信息表			
项目名称	南溪区五纵三横 基站配套改造工程	项目经理	陈翠
编制者		编制时间	
项目范围绩效信息	①可完成的项目范围和可交付成果 选择勘察设计机构； 完成实地勘察； 形成并交付勘察报告和设计图纸； 招标监理单位； 发布招标文件； 招标建设； 签约施工承包合同。 ②正在进行的项目范围和可交付成果 土建工程施工； 机房修建。 ③WBS 其余的项目范围和可交付成果尚未开始		
项目质量绩效信息	①项目总体质量：正常 ②符合要求的工作和可交付成果 选择勘察设计机构； 完成实地勘察； 形成并交付勘察报告和设计图纸； 招标监理单位； 发布招标文件； 招标建设； 签约施工承包合同。 ③无超过或低于要求的工作和可交付成果的活动		

表3-89（续）

工作绩效信息表	
项目进度绩效信息	①项目总进度：已完成15% ②正常时间开始或完成的活动 选择勘察设计机构； 完成实地勘察； 形成并交付勘察报告和设计图纸； 招标监理单位； 发布招标文件； 招标建设； 签约施工承包合同。 ③无延时开始或完成的活动 ④已开始但未完成的活动的完成百分比 土建工程施工，已完成5% 机房修建，已完成10%
项目成本绩效信息	①已发生的项目成本：直接劳动成本5 000元 ②符合预算的活动 聘请勘察设计院； 形成勘察设计报告和设计图纸； 监理单位招标； 招标监理单位。 ③超过预算的活动 实地勘察，超标100.00元 发布招标文件，超标50.00元 ④低于预算的活动 招标建设单位，节约100.00元
综合评价	项目主要工作开展顺利，部分非关键任务延时，但是在可控范围内，已完成可交付成果达到预期的质量要求，直接劳动成本有所超支（50.00元）

3. 项目绩效报告

表3-90   **示例一项目绩效报告**

（编制日期：2015年11月21日）

当前报告日期：2015年11月14日至2015年11月21日

累计报告日期：2015年9月30日至2015年11月21日

绩效报告					
项目名称	南溪区五纵三横基站配套改造工程		项目经理		陈翠
编制者			编制时间		
	基准计划	上期末情况 （包括偏差）	本期末情况 （包括偏差）	偏差分析	预测完工时情况
项目范围绩效	应完成7项工作，1项处于进行中	已完成7项工作和可交付成果，1项处于进行中	1项处于进行中	无偏差	预测可正常完成

表3-90（续）

绩效报告					
项目质量绩效	已完成的工作和可交付成果应符合质量要求	已完成7项工作和可交付成果符合质量要求	1项处于进行中	无偏差	符合质量要求
项目进度绩效	SPI应为1	项目进度为14%，进度正常	项目进度为15%，进度正常	项目按期完成	按期完成
项目成本绩效	CPI应为1	直接劳动成本2 000元	直接劳动成本为5 000元	略微超支，随着项目的推进，超支可能会持续或恶化，应加以关注	预计直接劳动力成本超支200元
项目总体绩效评价	项目范围未超出也未少于规定的工作范围；已完成的工作和可交付成果符合质量要求；成本略微超支，随着各项工作不断展开，成本控制的复杂性和难度会增加，超支的情形可能持续或恶化，对项目总成本会造成影响。				

示例二　土建工程项目

表3-91　　　　　　　　　　示例二分类信息表

信息分类	信息内容
项目范围绩效信息	项目的总建筑面积为75 252.21平方米，地下室建筑面积20 827.55平方米，夹层建筑面积7 326.92平方米，上部建筑面积47 097.79平方米。其中：1栋夹层建筑面积635.22平方米，地上建筑面积4 060.07平方米；2栋夹层建筑面积852.05平方米，地上5 425.96平方米；3栋、4栋夹层建筑面积415.82平方米，地上2 710.08平方米；5栋夹层建筑面积632.64平方米，地上4 077.31平方米；6栋夹层建筑面积892.7平方米，地上5 412.14平方米；7栋夹层建筑面积920.45平方米，地上4 631.16平方米；8栋、9栋夹层建筑面积1 281.11平方米，地上6 137.46平方米）；各栋号均为地下1层，主楼部分含一夹层，地上8层，建筑高度23.9米。
项目进度绩效信息	主体施工阶段结束时间：2015年7月15日；砌体施工阶段结束时间：2015年9月1日。墙壁粉饰阶段结束时间：2015年10月1日。水电安装阶段结束时间：2015年10月1日。门窗安装阶段结束时间：2015年11月1日。内墙粉刷阶段结束时间：2015年12月1日。屋面施工阶段结束时间：2016年1月15日。室内装修阶段结束时间：2016年2月25日。收尾工程阶段结束时间：2016年4月17日。竣工验收阶段结束时间：2016年4月20日。
项目成本绩效信息	工程总成本为：752 522 100.00元整。其中：地基与基础：1 198 623 595.00元整。主体：3 556 253 366.00元整。装饰装修：602 352 653.00元整。屋面：763 256 265.00元整。给排水及采暖：526 662 253.00元整。电气：32 232 332.00元整。智能：23 223 633.00元整。通风与空调：562 255 366.00元整。电梯：55 363 252.00元整。节能：32 522 366.00元整。

表3-91(续)

信息分类	信息内容
项目质量绩效信息	工程质量达到设计及国家现行施工及验收规范要求，一次性验收合格。验收的建筑物耐火等级地下室达到一级，地上为二级，抗震设防烈度达到8度，地下室防水达到一级，屋面防水等级为Ⅱ级，场地类别为Ⅲ类。框架—剪力墙结构，结构安全等级为二级，结构使用年限为50年。达到《建筑工程施工质量验收统一标准》GB50300-2001;《建筑电气工程质量检验评定标准》GB50303—2002;《建筑施工安全检查标准》JGJ59-2011;《施工现场临时用电安全技术规程》JGJ46-2005;《建筑施工扣件式钢管脚手架安全技术规程》JGJ130-2011。 本公司质量保证体系（ISO9001-2000）;职业健康安全管理体系（GB/T28001-2001）;环境管理体系（ISO24001-2004）的标准。
综合评价	工程项目的范围、进度、成本、质量绩效均达到计划标准。在353天内完成施工任务，并且建立完善的质量保证体系，开展全面质量管理，确保工程质量达到设计及国家现行施工及验收规范要求，一次性验收合格。

表3-93　　　　　　　　　　示例二绩效报告

分项	基准计划	上期末情况（包括偏差）	本期末情况（包括偏差）	偏差分析	预测完工时情况
项目范围绩效	项目的总建筑面积为75 252.21平方米，地下室建筑面积20 827.55平方米，夹层建筑面积7 326.92平方米，上部建筑面积47 097.79平方米。	已完成工程的第1、2、3、4、5栋，占总工程的56%	本阶段完成工程的6、7栋，已完成全部工程的78%	无偏差，严格按照施工图纸施工	总建筑面积为75 252.21平方米，上部建筑面积47 097.79平方米。
项目质量绩效	工程质量达到设计及国家现行施工及验收规范要求，一次性验收合格	各个检查时间点均达到质量的要求	完成本阶段的工作，并且达到质量的要求	严格按照施工图纸施工，并且及时检查	质量达到设计及国家现行施工及验收规范要求，一次性验收合格
项目进度绩效	主体施工阶段结束时间：2015年7月15日 竣工验收阶段结束时间：2016年4月20日	主体施工阶段结束时间：2015年7月23日，比计划晚了8天	砌体施工阶段结束时间：2015年9月6日，比计划晚了5天	天气原因，暴雨、高温等增加了施工难度	之后的施工阶段加快进度，确保能按时竣工验收
项目成本绩效	工程总成本为：752 522 100.00元整	上一阶段累计的工程成本占总成本60%	此阶段的累积成本占总成本的76%，比起计划的多了300 000元，占其中的1.4%	应急采取措施时产生的费用	合理控制预算、成本
项目总体绩效评价	工程项目的范围、进度、成本、质量绩效均达到计划标准。在353天内完成施工任务，并且建立完善的质量保证体系，开展全面质量管理，确保工程质量达到设计及国家现行施工及验收规范要求，一次性验收合格。				

实训十四 核实范围

一、实训背景

核实范围的目的在于正式验收已完成的可交付成果。在项目执行的过程中，已完成的可交付成果不能等到所有工作结束后一起验收，需要完成时及时验收，以便能够尽早发现问题并作出整改，避免在项目完工时才发现问题，影响项目的移交时间。

通常情况下，核实范围需要在技术检查过后进行，只有在质量和技术合格的情况下，可交付成果才能通过核实范围来验收。

二、实训任务及说明

要依据项目管理计划和项目文件，对已确认为质量合格的可交付成果进行实际检查，考察可交付成果的所有方面，包括：

范围：是否满足需求文件所规定的需求，是否达到相关法规和行业规范的要求。

进度：是否在规定的时间内完工。

成本：是否在规定的预算内完工。

质量：对已通过检查的质量进行最后核实。

表 3-94　　　　　　　　　　核实范围实训任务说明表

本实验涉及内容	对应详细具体信息	要求
所属知识领域	范围	√
所属过程组	监控	√
含义	正式验收项目已完成的可交付成果的过程	√
所处项目管理过程	核实范围	√
之前管理过程	制定 WBS、实施质量控制	
随后应进行的项目管理过程	控制范围	√
项目管理详细任务	核实范围包括与客户或发起人一起审查可交付成果，确保可交付成果已圆满完成，并获得客户或发起人的正式验收	
可交付成果	变更请求验收的可交付成果	√
运用的工具与技术	检查	√
角色	项目经理	√

三、实训相关附件及模板

表 3-95 可交付成果验收报告模板

可交付成果验收报告				
项目名称			项目经理	
编制者			编制时间	
		计划要求	实际情况	结论
	范围			
	进度			
	成本			
	质量			
总体验收意见:				
总体验收结论:		通过 不通过		
不通过的原因及建议的补救措施:				
验收组长签字:			验收组成员签字:	
日期:				

四、核实范围示例

示例一 通信建设项目

表 3-96 示例一可交付成果验收报告

可交付成果验收报告				
项目名称	2015 乙省某乙市南溪区五纵三横基站配套改造工程		项目经理	陈翠
编制者	韩婕		编制时间	2016/08
		计划要求	实际情况	结论
范围		包括消防设备配置,环动监控设备采购、安装与调试,活动机房的基础建设以及室内安装工程,土建部分的工程,蓄电池组和迷你综合机房机柜设备的采购、安装与调试	完成了包括消防设备配置,环动监控设备采购、安装与调试,活动机房的基础建设以及室内的安装工程,土建部分的工程,蓄电池组和迷你综合机房机柜设备的采购、安装与调试	完全符合计划

表3-96（续）

可交付成果验收报告			
进度	按最早开始时间的进度计划，2016年6月15日所有基础建设和土建工程全部完工并且完成全部设备的采购、安装与调试	在2016年6月16日才完成所有工作	在非关键路径上延误，不影响整个项目的按期完工
成本	工作成本61 166.95元（设备费和直接劳动成本）	实际成本62 500.00元	略有超支，但是在允许范围内
质量	土建和机房建设满足施工要求，质量有保证。设备位置摆放位置正确，配置符合要求，运行稳定	根据前期的质量检验结果，质量符合要求	符合要求
总体验收意见：	土建以及机房的建设，辅助设备的配置全部完成，完全符合要求，且质量合格，进度虽然延迟，成本也略有超支，但都在允许的范围内		
总体验收结论：	通过		
不通过的原因及建议的补救措施：	无		
验收组长签字：	韩婕	验收组成员签字：	韩婕
日期：	2016年7月11号		

示例二 土建工程项目

表3-97   **示例二可交付成果验收报告（一）**

可交付成果验收报告			
项目名称	御府中央小区（A2-2/A2-4地块）建设工程	项目经理	范海洋
编制者	范海洋	编制时间	2016-4-20
	计划要求	实际情况	结论
范围	9栋别墅及相应安装、水暖、供电、绿化等	完成计划要求	施工范围上，计划要求和实际情况完成量是一致的。同时也为后期类似工程做参考
进度	2016/4/20完工	2016/4/10完工	进度提前10天完成，虽然夏季遇到暴雨，但引进新品种商品砼反而使工期提前
成本	752 522 100.00元整	749 700 000.00元整	虽说新技术、新材料引进花费大量成本，但是工期提前，甲方奖励以及人工、机械费的减少使得成本在一定程度上有所降低

工程项目管理综合技能实训教程

表3-97(续)

	可交付成果验收报告		
质量	一次性验收合格	符合计划要求	项目部对质量的严格把控是本次质检合格的重要原因
总体验收意见：	御府中央小区（A2-2/A2-4 地块）建设工程符合设计要求，进度提前、成本降低，本项目可以作为三建2016年度优秀项目。		
总体验收结论：	通过，同意办理移交手续		
不通过的原因及建议的补救措施：			
验收组长签字：	罗莉	验收组成员签字：	范海洋
日期：	2016/4/20		

表 3-98　　　　　　示例二可交付成果验收报告（二）

	可交付成果验收报告		
项目名称	御府中央小区（A2-2/A2-4 地块）建设工程	项目经理	范海洋
编制者	何春颖	编制时间	2015 年 10 月 13 日
计划要求	实际情况	结论	
范围	总建筑面积为 75 252.21 平方米，地下室建筑面积 20 827.55 平方米，夹层建筑面积 7 326.92 平方米，上部建筑面积 47 097.79 平方米。其中：1 栋夹层建筑面积 635.22 平方米，地上建筑面积 4 060.07平方米；2 栋夹层建筑面积 852.05 平方米，地上 5 425.96 平方米；3 栋、4 栋夹层建筑面积 415.82 平方米，地上 2 710.08 平方米；5 栋夹层建筑面积 632.64 平方米，地上 4 077.31 平方米；6 栋夹层建筑面积 892.7 平方米，地上 5 412.14 平方米；7 栋夹层建筑面积 920.45 平方米，地上 4 631.16 平方米；8 栋、9 栋夹层建筑面积 1 281.11 平方米，地上 6 137.46 平方米	总建筑面积为 75 252.21 平方米，地下室建筑面积 20 827.55 平方米，夹层建筑面积 7 326.92 平方米，上部建筑面积 47 097.79 平方米。其中：1 栋夹层建筑面积 635.22 平方米，地上建筑面积 4 036.07 平方米；2 栋夹层建筑面积 852.05 平方米，地上 5 455.96 平方米；3 栋、4 栋夹层建筑面积 415.82 平方米，地上 2 710.08 平方米；5 栋夹层建筑面积 632.64 平方米，地上 4 077.31 平方米；6 栋夹层建筑面积 892.7 平方米，地上 5 412.14 平方米；7 栋夹层建筑面积 920.45 平方米，地上 4 631.16 平方米；8 栋、9 栋夹层建筑面积 1 281.11 平方米，地上 6 137.46 平方米	由于后期实际施工时规划道路的原因，第一栋和第二栋的绿化设计都发生了改变，使第一栋的地上面积减少了 24 平方米，第二栋的地上面积增加了 30 平方米	

表3-98(续)

可交付成果验收报告			
进度	确保施工总工期353天,(计划开工时间2015年5月15日,计划竣工时间2016年4月20日)保证按时工程竣工交验,若达不到愿意承担相应的违约责任,每延误一天按500元处罚	计划开工时间2015年5月15日,计划竣工时间2016年4月20日	合理安排施工计划,保证工程按时竣工交验
成本	要以先进合理的技术经济定额为依据来编制成本计划。这些定额包括物资消耗定额、劳动定额、费用开支定额等。 要以其他生产经营计划为依据编制成本计划。就是要依据生产计划、物资供应计划、劳动工资计划等为依据来编制成本计划。 要按照分级归口管理的原则来组织成本计划编制。由财务部门负责组织有关部门参与成本计划编制,保证成本计划符合实际	工程总成本为:752 522 100.00元整。其中:地基与基础:1 198 623 595.00元整。主体:3 556 253 366.00元整。装饰装修:602 352 653.00元整。屋面:763 256 265.00元整。给排水及采暖:526 662 253.00元整。电气:32 232 332.00元整。智能:23 223 633.00元整。通风与空调:562 255 366.00元整。电梯:55 363 252.00元整。节能:32 522 366.00元整	符合计划要求,合理运用资金,使公司的利益最大化
质量	工程质量达到设计及国家现行施工及验收规范要求,一次性验收合格。验收的建筑物耐火等级地下室达到一级,地上为二级,抗震设防烈度达到8度,地下室防水达到一级,屋面防水等级为Ⅱ级,场地类别为Ⅲ类。框架—剪力墙结构,结构安全等级为二级,结构使用年限为50年	符合《建筑工程施工质量验收统一标准》GB50300-2001;《建筑电气工程质量检验评定标准》GB50303—2002;(ISO24001 - 2004)等规定对工程的要求	质量合格,能够交付验收
总体验收意见:	项目的验收资料齐全完备、数据翔实,符合验收要求,鉴于以上情况,验收专家组认为,该项目完成了合同规定的预期目标,一致同意通过合格验收。		
总体验收结论:	通过 √ 不通过		
不通过的原因及建议的补救措施:	无		
验收组长签字:	罗莉	验收组成员签字:	罗莉
日期:	2014 年 10 月 13 日		

实训十五 结束项目

一、实训背景

结束项目过程目的在于通过正式的程序来宣布项目的结束。项目的全部技术工作结束了不等于项目结束，必须还需要经过一个正式的收尾程序。

二、实训任务及说明

结束项目应该包括以下工作：

①对项目进行最终的、形势上的验收，把项目移交给建设方。这项工作其实只是形式上的验收，因为之前已经进行了实质性的验收，是为了办理手续并实现移交。

②开展项目后评。项目后评是在项目通过终验之后开展的一项重要工作。它的目的在于对今后再进行此类项目积累经验。

③整理项目档案，把项目资料归入组织过程资产。项目的各种资料都要经过整理后归入组织过程资产，以便以后的项目加以借鉴。

④解散团队，合理安排团队成员返回各职能部门或向新的项目过渡。

表 3-98   **结束项目实训任务说明表**

本实验涉及内容	对应详细具体信息	要求
所属知识领域	整体	√
所属过程组	收尾	√
含义	结束项目或阶段是完结所有项目管理过程组的所有活动以正式结束项目或阶段的过程	√
所处项目管理过程	结束项目	√
之前管理过程	核实范围	
随后应进行的项目管理过程		√
项目管理详细任务	确定收尾过程	
	完成合同收尾	
	确认已完成的工作符合需求	
	获得产品正式的接受	
	报告最终的绩效	√
	建立项目档案	
	更新历史信息、风险数据库	
	移交完成的最终成果	
	更新成员新技能	
	举行庆祝会	
	解散资源	
可交付成果	解散产品、最终资源、服务或成果	√
运用的工具与技术	专家判断	√

表3-98(续)

本实验涉及内容	对应详细具体信息	要求
角色	项目经理	√

三、实训相关附件及模板

表 3-99　　　　　　　　　　　**项目验收报告模板**

项目验收报告			
项目名称		项目经理	
编制者		编制时间	
	计划要求	实际情况	结论
范围			
进度			
成本			
质量			
总体验收意见：			
总体验收结论：	通过，同意办理移交手续 不通过		
不通过的原因及 建议的补救措施：			
验收组长签字：		验收组成员签字：	
日期：			

四、结束项目示例

示例一　通信建设项目

1. 验收结束报告

表 3-100　　　　　　　　　　**示例一项目验收报告**

项目验收报告			
项目名称	南溪纵横项目	项目经理	陈翠
编制者		编制时间	2016.7
	计划要求	实际情况	结论
范围	从立项到竣工试运营	竣工验收	受自然气候及自然灾害影响工期
进度	按小组分队施工，按计划进度实施	小组分工不明确，导致施工过程不顺畅	合理安排施工任务，调整好管理层次阶级任务

表3-100(续)

成本	61 166.95 元	62 500 元	在施工过程中,应该合理控制成本
质量	完全达到施工质量要求	达到施工要求	必须严格把关质量要求
总体验收意见:	在合理工期竣工,施工预算在成本控制范围内,施工质量达到规定要求:优		
总体验收结论:	通过,同意办理移交手续		
不通过的原因及建议的补救措施:			
验收组长签字:		验收组成员签字:	
日期:			

2. 偏差分析

本次项目的最终成本为 62 500 元,相比预算成本增加了。造成成本增加的原因主要是在勘察设计阶段和土建施工阶段,由于户外活动的不确定性因素导致了不可控成本的增加。

示例二 土建工程项目

表 3-101　　　　　　　　示例二项目验收报告

项目验收报告			
项目名称	御府中央小区(A2-2/A2-4 地块)建设工程	项目经理	范海洋
编制者	范海洋	编制时间	2016-4-20
	计划要求	实际情况	结论
范围	9 栋别墅及相应安装、水暖、供电、绿化等	完成计划要求	施工范围上,计划要求和实际情况完成量是一致的。同时也为后期类似工程做参考。
进度	2016/4/20 完工	2016/4/10 完工	进度提前 10 天完成,虽然夏季遇到暴雨,但引进新品种商品砼反而使工期提前。
成本	752 522 100.00 元整	749 700 000.00 元整	虽说新技术、新材料引进花费大量成本,但是工期提前,甲方奖励以及人工、机械费的减少使得成本在一定程度上有所降低。
质量	一次性验收合格	符合计划要求	项目部对质量的严格把控是本次质检合格的重要原因。
总体验收意见:	御府中央小区(A2-2/A2-4 地块)建设工程符合设计要求,进度提前、成本降低,本项目可以作为三建 2016 年度优秀项目。		
总体验收结论:	通过,同意办理移交手续 不通过		

表3-101(续)

不通过的原因及 建议的补救措施：			
验收组长签字：	罗莉	验收组成员签字：	范海洋
日期：	2016/4/20		

实训十六　成果展示与老师点评

一、实训任务及说明

本次实训是对本实训课程的一次最终实训成果总结和展示，并由实训指导老师根据各小组完成质量进行点评和评定成绩。

二、评定要点

项目变更是否合理；

项目变更手续是否齐全；

工作绩效信息是否全面，编排是否符合逻辑，格式是否正确；

绩效报告格式是否合理，计算过程和结果是否清晰和正确；

可交付成果验收报告格式与内容是否编排正确全面；

项目收尾阶段内容是否全面；

并由指导老师对实训进行总结。

说　明

　　本实训设计是一个项目管理的实训，所以做实训设计的时候将项目管理相关的活动运用到了其中，比如实训范围的确定、实训最终所要提交的成果、实训顺序和时间的安排等都能够看到项目管理的身影。所以，做这个实训对巩固所学的项目管理知识和将其熟练的运用方面都能起到较好的作用。本实训是站在通信建设方的角度编写的，通信建设方在通信项目计划阶段所参与的活动比较多，施工阶段相对的就比较少。对于可行性研究等在其他实训环节已详细操作过的活动，鉴于本实训的学时以及实训环境还不具备，在本实训设计中也就略去了。实训中加入了两次成果展示和指导老师点评，一次是在做完项目计划书后，另一次是在最后一次实训，由各组组长将成果进行讲解，由此来增进与其他小组的交流，也可以通过指导老师的点评来弥补自己的不足。实训中主要涉及的是项目的计划，其次是对项目遇到突发事件的应对及项目的评估与验收。希望能够通过本实训对工程管理专业的学生在项目管理的实际操作上有一定的帮助，能够培养更好的团队协作能力。

　　由于受到实训环境以及相关资料和技术的限制，所以本实训设计不能完全跟通信相关企业的实际通信建设项目管理流程保持一致，只能让同学们在有限的资源环境下对通信项目管理活动多一点了解，多一点实际操作经验，对所学项目管理知识进行一次演练，达到加深记忆的目的。

实训附件

附件1 项目章程模板

编号		项目章程模板	发布日期	
			页 数	第 页 共 页

中国移动通信集团

项目章程
（公司内部管理）

版本	日期	AMD	修订者	说明
第1.0版		A		新建发布

（A-添加，M-修改，D-删除）

中国移动通信集团
《×××××××》项目章程

一、项目概述

1. 项目名称：_____

2. 项目背景：

3. 项目目的：

本节可来自《项目建议书》，或对项目建议书中的相关内容进行进一步细化。

4. 项目主要工作

本节可对《项目建议书》的相关内容继续进行细化。对项目的范围进行初步描述。本节将作为划分项目主要阶段和里程碑的依据。

二、项目目标

2.1 时间目标

本项目要求于___年___月___日开始，于___年___月___日结束。项目的结束以正式发布项目结项通知的日期为准。

2.2 可交付成果目标

本项目要求最终交付如下的成果：

2.2.1 项目应于___年___月___日前提交_____。由_____负责组织评审，须满足的质量要求为：_____。

2.2.2 项目应于___年___月___日前提交_____。由_____负责组织评审，须满足的质量要求为：_____。

2.3 费用目标

本项目总预算为：_____元整。费用预算明细请见_____。

三、项目管理团队

3.1 项目赞助人：_____；

3.2 项目经理：_____；

3.3 项目PMO代表：_____；

3.4 项目技术负责人：_____；

注：项目技术负责人主要是指"　　"。

四、项目主要阶段及里程碑

本项目主要分为以下几个阶段和里程碑：

实训附件

阶段序号	阶段名称	阶段负责人	里程碑交付成果名称	里程碑交付成果验收标准	验收人	阶段结束日期
一	立项审批					
二						
三						
四						
五						
六	项目收尾					

五、项目团队成员名单

序号	姓名	所属部门	项目工作内容	技能要求	预计开始日期	预计工期（工作日）
1						
2						
3						
4						
5						
6						
7						
8						

六、项目利害关系者名单
（注：此处不列出项目团队成员）

序号	姓名	职务	项目角色	对项目的影响
1				
2				
3				
4				
5				

七、项目沟通汇报需求

序号	发出者	沟通事项	接收者	发送方式	周期
1	PMO 代表	项目合规性报告	PMO、项目赞助人	邮件	每月 1 日、15 日
2					

序号	发出者	沟通事项	接收者	发送方式	周期
3					
4					
5					
6					
7					

附件 2 项目范围说明书模板

编号		项目范围说明书模板	发布日期	
			页　数	第　页　共　页

中国移动通信集团

项目范围说明书
（公司内部管理）

执行日期：20XX 年 XX 月 XX 日
中国移动通信集团

修订历史记录

版本	日期	AMD	修订者	说明
第 1.0 版		A		新建发布

（A-添加，M-修改，D-删除）

中国移动通信集团
《××××××》项目范围说明书

一、基本信息

项目名称：_____

项目类型：_____

项目经理：_____

编写日期：_____

二、项目范围说明

·对《项目章程》的"项目主要工作"进行细化，详细描述每一项工作的目标、内容、质量要求、检验标准和职责分工。

·为了特别澄清某些容易引起混淆的工作，可以在这个章节明确指出"不包含在项目范围内的工作"。

三、项目可交付成果

·对《项目章程》中"项目目标"的"可交付成果目标"进行细化，明确每一个可交付成果的详细的质量参数以及验收标准。

·对于组合性的可交付成果，应该对其进行适当的拆分以便于管理。

四、约束条件

·应描述为了满足项目目标（时间和预算以及质量要求）、完成项目范围，所需要满足的约束条件。

·常见的约束条件包括：市场、政策、环境、公司的制度等。

五、假设前提

·如果项目赞助人在设定项目目标（时间和预算以及质量要求）时做出了某些假设，则应当记录并检验这些假设。

·如果项目经理和项目团队在规划第四章"项目范围"和第五章"可交付成果"时，做出了某些假设，则应当记录并检验这些假设。

六、项目的主要风险

附件3　采购计划表

采购计划表

填表单位：（公章）　　　　填表日期：　年　月　日　　　　计划表编号：

序号	采购物品名称	规格	型号	数量	采购预算金额（元）		参考品牌及型号	配置标准及性能要求	供应商范围要求	预计采购执行月份	最迟供货时间	资金来源（元）			备注
					市场参考单价	合计						上级拨入资金	自筹资金	其他	
合计															

填表人：　　　　单位负责人：　　　　手机：　　　　办公电话：

第 1 页

集中采购项目执行表

填表单位：（公章）

填表日期：

执行表编号：

资金来源：

序号	采购物品名称	规格	型号	数量	原上报预算金额	本次采购金额	参考品牌及型号	配置标准及性能要求	供应商范围要求	最迟供货时间	上级拨入资金	自筹资金	其他	备注
												资金来源（元）		
1						第 1 页								
合计									—	—	—	—	—	—

单位负责人：

填表人：

办公电话：

手机：

附件4 通信工程项目建设一般流程

根据中国移动通信集团某有限公司资料给出的通信工程项目流程如下：

管理流程	管理要求/标准
开　始	
1. 提出通信工程项目需求	建设单位或需求单位根据通信发展规划、市政规划要求、年度投资计划或市场的业务需求提出通信工程项目需求； 　　对已纳入年度投资计划且投资金额在50万元以上的项目，需求部门应先报分管该部门的省公司领导批准确定； 　　需求确定后，由计划部牵头，相关部门配合组织制订建设方案，再将方案报分管固定资产投资的省公司领导审批； 　　对因市场发展需要的应急项目，计划部牵头组织方案论证、报分管投资计划的省公司领导审批，并纳入当年度投资计划； 　　1 000万元以上的投资项目方案需报总经理办公会审议后再批复或报省公司分管投资计划的领导审批。 　　上述流程完成后，再进入项目MIS系统流程。 　　建设单位或需求单位根据分管领导批准，编制"项目建议书"报计划部，同时按照《工程项目后评估管理程序》中有关规定报送项目后评估指标目标值。
2. 项目可研	对于应编制可行性研究报告的项目，由计划部委托进行可行性研究，并形成"可行性研究报告"。 　　"可行性研究报告"编制完成，由计划部组织进行评审。计划部在收到"可行性研究报告"后，应在10个工作日内完成评审工作、提出评审意见。
3. 立项批复	投资超过5 000万元的项目及集团主管项目由集团公司组织项目评审；省主管项目由省公司计划部组织项目审核，下达立项批复文件。 　　对于GSM等成熟项目的可行性研究评估工作可视情况予以简化，可将"项目建议书"代"可行性研究报告"。 　　计划部在收到"项目建议书"或"可行性研究报告"后，应在20个工作日内以正式文件的形式答复建设单位。 　　对于已纳入当年度投资计划的项目，计划部牵头组织方案论证后可直接向建设单位下达立项批复，批文中应附上立项依据。
4. 下达设计委托书	建设项目批准立项后，计划部负责组织编制"设计委托书"。"设计委托书"应包括建设项目的各阶段、设计单位、建设单位、工程总投资、工期要求等建设中特殊要求。 　　建设项目批准立项后，计划部可据此委托或通过设计招标选定设计单位进行勘察、设计；建设单位负责组织设计勘察工作，确保设计工作的顺利进行。 　　对于技术成熟项目的工程设计，一般按一阶段进行。

工程项目管理综合技能实训教程

管理流程	管理要求/标准
5. 设计评审	计划部负责组织对通信工程项目的设计进行评审。设计审查时应形成"设计会审纪要"，纪要中应明确包含对该设计的评审意见。 设计评审内容包括： ① 概预算审核 ② 施工图纸准确性，施工操作的可行性 ③ 是否符合设计文件格式及内容规范的要求 对于会审中提出的问题和改进建议，建设单位应组织设计单位在评审会后 10 个工作日内完成设计修改，并报计划部复核。 计划部在收到设计修改后 15 个工作日内批复。 设计会审后，计划部应组织设计单位向建设单位、设备厂家、施工单位等进行设计交底。对于技术成熟项目，设计交底可以在设计评审时合并进行。
6. 设备采购	设备选型、招投标、采购，按照《招标投标管理流程》《物资采购管理程序》执行。
7. 工程施工	工程开工前，建设单位应组织设计单位向监理、施工单位进行施工图交底。 施工单位必须严格按照批准的施工设计图纸进行施工。如需变动，由建设单位向计划部提出"工程设计变更申请"，并经计划部同意后方可实施，批复意见形成"关于×××变更申请的批复"，施工单位方可施工。 建设单位负责委托工程施工单位和监理单位并对其进行管理。 建设单位项目经理负责对工程施工过程中的施工进度、质量及安全进行控制。负责处理工程中出现的问题。负责每月末编制《工程项目实施进度报表》，提交工程建设单位负责人或其授权人员审批后向计划部进行通报，并向财务部工程会计提供"工程资金需求计划表"。 按照《工程决算管理规范》要求，每季度末，建设单位根据在建工程形象进度或工程实际完成量填写"工程项目形象进度暂估表"中的第 1、2、3、4、5、8、9、10 列，并经工程建设单位负责人审核签字后送交财务部，同时抄送计划部。由财务部审核，对于工程实际完成情况与财务进度不符的情况，查明原因，并由财务部将审核结果进行通报。建设单位负责对进度不符的情况进行整改，并将解决结果及时反馈财务部、计划部。
8. 初步验收	施工单位完成施工任务后，向建设单位报送"交工报告"和工程竣工资料。建设单位负责组织工程初步验收。验收通过形成"初步验收报告"，开始进入试运行。 初验收标准执行《移动通信交换机施工安装操作规范》《室内覆盖工程安装实施细则和验收规范》《传输网工程实施规范》《SDH 光缆传输工程标准化验收规范》《新业务工程实施细则和验收规范》《微波设备安装实施细则和验收规范》《直放站工程安装实施细则和验收规范》。 财务部负责工程初步竣工决算，建设单位配合完成，具体执行见《工程决算管理规范》。
9. 试运行	网络维护岗负责监控系统试运行的各项技术指标情况，并记录在案，试运行期结束提出试运行结论。 试运行期间出现质量问题由建设单位负责组织返修、返工，且试运行期从故障解决后重新开始计算。 试运行期结束后，如无影响使用的重大问题，网络部应在 10 个工作日内组织工程终验。

实训附件

管理流程	管理要求/标准
10. 工程决算	内审部在接到工程决算后应结合上级有关文件及决算方式进行审查，发现问题及时与建设单位联系，做到工程开支合理、准确。 财务部负责工程竣工决算，建设单位配合完成，具体执行见《工程决算管理规范》。
11. 工程终验	在工程项目具备验收条件后，网络部负责组织对工程进行终验，形成竣工验收结论，并出具"工程终验报告"。
12. 工程档案管理	执行《档案管理规范》
13. 工程后评估	根据集团公司相关管理办法，对项目进行有选择性后评估，撰写后评估报告。
结束	

附件 5 通信工程施工合同范本

通信建设工程施工合同范本/格式/样本/样式/协议

通信工程施工合同

发包方（甲方）：

承包方（乙方）：

根据《中华人民共和国合同法》及通信工程建设的有关法律、法规的规定，结合本工程的具体情况，经双方协商一致，签订本合同，以资共同遵守。

第一条　工程概况

1. 工程名称：＿＿＿＿＿＿＿＿＿＿＿＿＿＿＿＿＿＿＿；

2. 工程地点：＿＿＿＿＿＿＿＿＿＿＿＿＿＿＿＿＿＿＿；

3. 工程范围和内容：＿＿＿＿＿＿＿＿＿＿＿＿＿＿＿＿。

第二条　甲方权利和义务

1. 组织工程建设项目的技术交底，向乙方明确施工任务；

2. 提供必要的施工条件；

3. 负责主材的供应，详见发包人供应材料、设备一览表；

4. 指派甲方代表对建设工程项目进行全面协调和监督检查；

5. 在乙方提供全套竣工资料和书面竣工验收报告后会同有关部门及时组织验收；

6. 按合同约定按时向乙方支付工程款。

第三条　乙方权利和义务

1. 必须具有经国家有关部门批准的通信行业施工资质，并××公司××分公司核准的施工入围资格，并向甲方提供企业（或公司）施工资质证书、企业基本情况等相关资料。

2. 应编制《工程施工概、预算》，经甲方书面认可后作为签订本合同暂定工程款的依据。

3. 乙方不得将其承包的全部工程转包给他人，也不得将其承包的全部工程肢解以后以分包的名义分别转包给他人。

4. 非经甲方同意，乙方不得将承包工程的任何部分分包。

5. 精心组织施工管理人员、施工人员、材料、施工机械进场施工。

6. 合理组织施工，编制施工方案、施工总进度计划、材料供应计划，并在施工前送甲方备案。

7. 严格按设计文件及《GB/T50312-2000》《本地网通信线路工程验收规范YD5051-97》等规范要求施工。

8. 做好施工材料的检验、清点和保管，乙方采购的材料应按照约定及设计和有关标准要求采购，并提供产品合格证明，对材料设备的质量负责，采购的材料设备须经甲方书面认可后方能使用，采购的材料设备与设计或标准要求不符时，应重新采购符合要求的产品，并承担由此发生的费用及延误工期的责任。

9. 服从甲方监理及甲方代表对施工过程的管理与监督，工程具备隐蔽条件或达到约定的中间验收部位，乙方进行自检，并在隐蔽或中间验收前48小时以书面形式通知甲方监理及甲方代表验收。通知包括隐蔽和中间验收的内容、验收时间和地点。乙方准备验收记录，验收合格，甲方监理及甲方代表在验收记录上签字后，乙方可进行隐蔽和继续施工。否则，甲方有权要求乙方返工，并由乙方承担返工费用及延误工期的责任。

10. 线路工程的施工，乙方同时承担电话机及数据终端的安装任务。在施工过程中和工程竣工后半年内，乙方应服从甲方的要求进行该项目范围内的电话机及数据终端的安装工作。安装费用由甲乙双方商议决定。

11. 施工过程中必须严格遵守安全操作规程，采取必要的安全防护措施，消除事故隐患，切实做好安全生产工作。乙方在施工中所发生的一切人身伤亡事故和施工单位原因造成的设备事故，事故的责任和因此发生的费用由乙方承担，并不得因此影响工程进度。

第四条　工程期限

本工程开工日期____年____月____日，竣工日期____年____月____日。

第五条　竣工验收

1. 工程竣工后，乙方应向甲方提交竣工验收报告。同时乙方应在一周内按××网建［200×］××号关于《工程竣工文件编制规定》的要求编制完整的竣工文件。

2. 甲方收到乙方提供的全套竣工资料和书面竣工验收报告后会同有关部门及时组织验收，验收以施工图纸、图说、技术交底纪要、设计更改通知、国家颁发的施工验收规范和质量检验标准为依据。

3. 验收合格后，双方签署竣工验收通过的文件，并将工程移交给甲方管理。验收中如发现有不符质量要求的，由乙方负责修改再进行验收。竣工日期以验收通过的日期为准。

第六条　质量保证

1. 保修期限：工程竣工验收通过后十二个月；

2. 保修责任：乙方对交付的工程在质量保修期内承担质量保修责任，由于乙方施工原因造成的质量问题，乙方负责无偿修复。

第七条　工程考核

1. 乙方采购的材料不符合质量标准或弄虚作假、以次充好，一经发现，乙方自行承担整改所需的工料费，同时向甲方支付工程最终结算价款_____%的违约金，甲方有权在工程款结算时予以扣除。情节恶劣的，取消乙方入围施工资格。

2. 除甲方原因及不可抗力外，工期延误的责任由乙方承担，每延期一天乙方应向甲方支付工程最终结算价款_____%的违约金，甲方有权在工程款结算时予以扣除。

3. 不服从甲方指挥，拒绝或延误电话机及数据终端安装，乙方向甲方支付工程最终结算价款_____%的违约金，甲方有权在工程款结算时予以扣除，并同时取消乙方入围施工资格。

4. 未按期按××网建［200×］×号关于《工程竣工文件编制规定》的要求编制完整的竣工文件的，每延期一天乙方应向甲方支付工程最终结算价款×%的违约金，甲方有权在工程款结算时予以扣除。

第八条　工程价款的结算与支付

1. 本工程采用包工部分包料方式，根据乙方编制的施工预算，合同价暂定为_____。

2. 工程竣工后，由乙方按照邮电部（1995）626号文件《通信建设工程概算、预算编制办法及费用定额》的规定据实编制竣工决算报告，经甲方指定的具有通信工程审计资质的第三方审计，审计费的支付按××省物价局×价服［2001］×××号文件执行。

3. 工程最终结算款的确定：工程最终结算款由以下两部分组成：

（1）审计审定价款中乙方采购的材料款和其他费用不作调整，按审计的价款确定；

（2）审计审定价款中的建筑安装工程费部分（扣除材料费以外的部分），乙方同意按××计建［200×］×号文的规定调整相关费率后下浮_____%。

4. 乙方向甲方开具建安和材料统一发票后，甲方先行支付工程最终结算价款的×%（甲方有权在该款项中扣除乙方应支付的违约金），待十二个月保修期满后，若无工程质量遗留问题，甲方付清剩余工程价款。

第九条　合同解除

1. 双方协商同意可解除本合同。

2. 未经甲方同意，乙方将承包工程的任何部分分包给他人的，甲方有权解除本合同。

3. 乙方将其承包的全部工程转包给他人或者肢解以后以分包的名义分别转包给他人的，甲方有权解除本合同。

4. 有下列情形之一的，甲方、乙方可以解除合同：

（1）因不可抗力致使合同无法履行；

（2）因一方严重违约致使合同无法履行。

5. 一方依据本条2、3、4款约定要求解除合同的，应以书面形式向对方发出解除合同的通知，通知到达对方时合同解除，合同解除后乙方应做好已完工程的保护和移交工作，并按甲方要求将自有机械设备和人员撤出施工场地。有过错的一方应当赔偿因合同解除给对方造成的损失。

第十条　争议解决方式

在履行合同时发生争议，双方协商解决，或向有管辖权的人民法院起诉。

第十一条　其他

1. 乙方确认其完全了解本合同中所述×××公司的相关文件内容；

2. 本协议未尽事项，双方另行签订补充协议，补充协议与本协议具有同等效力；

3. 本协议一式六份，甲乙双方各执三份，协议经双方签字、盖章后生效。

　　甲方（盖章）：

　　法定代表人：

　　委托代理人：

　　签约日期：　　　年　月　日

　　乙方（盖章）：

　　法定代表人：

　　委托代理人：

　　签约日期：　　　年　月　日

附件 6　工程项目全周期存档资料清单

一、项目投标——招投标办负责收集整理

1. 招标文件（如果有书面招标文件需留存）

2. 招标答疑（如果有书面招标文件需留存）

3. 地质报告、招标图纸等

二、项目备案——招投标办负责收集整理

1. 中标通知书（需扫描留存）

2. 外部（备案）合同、内部合同（需扫描留存）

3. 公司配合办理建筑工程安全监督备案证（需扫描留存）

4. 建筑工程许可证（甲方办理，我方配合），我方留存复印件

三、竣工资料——各项目部负责收集整理

1. 竣工资料两套（正本一套、副本一套）；

2. 竣工资料三套交业主（正本一套、副本二套）；具体份数根据合同要求递交，并增或减竣工资料份数；收条交公司（收条明确：项目名称、单位套数、正副本、签收单位/人、签收时间）；

3. 施工中过程资料电子版留公司备份。

四、结算资料——各项目部负责收集整理

1. 除竣工资料以外，提供如下资料；

2. 施工图纸一套（蓝图或甲方、监理盖章确认的白图）；

3. 竣工图纸单独两套（需甲方、设计、监理签字盖章）；

4. 质量验收记录（竣工验收单）二份。

5. 设计变更、技术核定单、图纸会审等有关影响工程费用变动的资料两套（原件）；

6. 工程量汇总表三套（需甲方、监理签字盖章）；

7. 工程签证单三套（需甲方、监理签字盖章）；

8. 工程施工过程中甲方、乙方、监理单位之间的往来联系单、通知单、会议纪要、函件等一套（原件）；

9. 甲供材料交接确认单三套（需甲方、监理签字盖章）；

10. 水电交接确认单、费用支付情况确认单三套（需甲方、监理签字盖章，如果总包单位代管需总包确认）。

五、其他——招投标办负责收集整理

1. 决算审计报告（需扫描留存）；

2. 决算资料提交后收条交公司（收条明确：项目名称、单位套数、正副本、签收单位/人、签收时间）；

3. 工程发票及税票（需扫描留存，财务科配合）；

4. 工程使用钢材、混凝土、水泥、管桩发票（需扫描留存，财务科配合）。

参考资料1　××小区宽带接入工程项目建议书

·*方案说明*
·*概述*

工程概况

本工程为 2011 年××小区宽带接入工程（铁通合作建设）第二十九册小区宽带接入工程小区接入单项工程。

本工程小区位于××县××乡，均属于不成熟小区，目前整体入住率近 0%，小区具体情况如下：为独门一户，约 357 户。

本次工程设计勘察总长为 10.138 千米，其中敷设 4 芯光缆 1.25 千米，敷设 12 芯光缆 8.97 千米，敷设 24 芯光缆 0.1 千米；安装多媒体箱 34 套，144 芯光缆交接箱 1 座，16 口 ONU1 个，8 口 ONU17 个，1∶32 分光器 1 个。

项目建设条件及必要性

分公司与村委会已经达成了意向性进入协议，现电信、有线电视没有接入住户，预计 2 年内用户渗透率约 35%。

目前，各栋楼之间采用新建墙壁，可以满足光缆敷设到楼栋的需求。小区住户的室内综合布线通过墙壁吊线的方式可以敷设至室外多媒体箱内。

小区属于不成熟小区，入住率达到 0% 左右。

根据以上情况，小区已经满足了中国移动通信集团××有限公司计划部关于小区的立项建设原则及相关建设条件。

因此，为提高移动的全业务接入能力，增强移动业务竞争能力，建议启动小区宽带接入工程小区接入单项工程。为便于工程的实施，特编制了本项目建议书。

编制依据

（1）中国移动通信集团××有限公司××分公司"委托编制 2011 年××地区小区深度覆盖接入工程项目建议书及一阶段设计的函"。

（2）中国移动通信集团××有限公司计划部关于住宅小区 FTTB 光缆建设指导意见。

（3）中国移动通信集团××有限公司××分公司相关部门提供的相关资料。

（4）2011 年 7 月现场勘察及分公司相关部门的意见。

·*建设方案说明*

GPON 主干光缆建设方案

本工程，归属××汇聚点（OLT 所在）覆盖范围，接入××汇聚点。从××汇聚点至光交，沿途需要新建光缆，全程光缆传输距离约为 8.403 千米。

小区光缆建设方案

（1）依据楼栋分布，本工程由××汇聚点新设 1 条 12 芯光缆至小区内新设光交，再由小区内新设光交新设 1 条 24 芯光缆、1 条 12 芯光缆至小区内光缆接头，再新设 1 条 4 芯至小区室外设备，再由接头点分支为 12 芯和 4 芯光缆至小区多媒体箱内 ONU。

小区光交、光分路器及 ONU 设置方案

（1）由于××汇聚点比较远，不能敷设终端大芯数光缆，考虑在小区内设置 1 座 144 芯光交。本工程原则上每栋楼设置 17 台 8 口 ONU 和一台 16 口 ONU。本工程共设置 ONU 的数量是 18 台，1∶32 光分路器 1 台。

光衰减计算

本工程 OLT 到光分路器之间传输长度为 8.403 千米，小区新设光分路器到小区内最远端 ONU 的光缆长度为 0.457 千米，光缆跳纤点都是 4 个，根据住宅小区 FTTB 光缆建设指导意见提供的相关衰减参数，本工程的光通道衰减计算如下：

光通道衰耗＝光分路器衰耗＋光跳纤点衰耗＋光缆及熔接衰耗

光衰耗＝17＋7＋0.45×8.86＝27.99dB

由上式可知，本工程的光通道衰耗均小于 28dB，满足 1∶32 分光比下 GPON 系统一级分光的光缆链路的衰耗需求。

因此，本工程分别采用 1∶32、分光比的分光器，系统按一级分光考虑。

·建设规模与投资估算

·建设规模

根据以上建设方案，本工程建设规模汇总详见下表。

建设规模汇总表

序号	建设项目		单位	数量
1	设备部分	多媒体箱	套	34
2		1∶32 光分路器	个	1
3		144 芯光缆交接箱	座	1
4		8 口 ONU	个	17
5		16 口 ONU	个	1
6	线路部分	敷设 4 芯光缆	千米	1.25
7		敷设 12 芯光缆	千米	8.97
8		敷设 24 芯光缆	千米	0.1

·投资估算

投资估算指标

本工程投资估算依据主要参考中国移动通信集团××有限责任公司提供的有关费率、造价和材料价格数据。

工程投资估算

根据各小区工作量和单位综合造价计算，本单项投资估算详见下表。

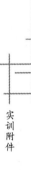

实训附件

投资估算表

序号	建设项目		单位综合造价（万元）	数量	投资（万元）
1	设备部分	多媒体箱（套）	0.1	34	3.4
4		1:32 光分路器（个）	0.25	1	0.25
		16 口 ONU（个）	0.5	1	0.5
5		8 口 ONU（个）	0.4	17	6.8
6	线路部分	144 芯光缆交接箱（座）	1	1	1
7		敷设 4 芯光缆（千米）	0.3	1.25	0.38
8		敷设 12 芯光缆（千米）	0.45	8.97	4.04
		敷设 24 芯光缆（千米）	0.5	0.1	0.05
		敷设 25 对室外电缆（箱）	0.5	4	2
9		敷设 UTP-4 五类线	0.25	58	14.5
10	小计 1				32.92
11	工程建设其他费	小计 1×10%			3.292
12	小计 2				3.292
13	不可预见费	小计（1+2）×5%			1.81
14	小计 3				1.81
15	合计	小计（1+2+3）			38.022

· 结论与建议

本工程总投资约为 38.022 万元，建成后可以为小区共计 357 个信息点提供宽带、语音接入需求，平均每端口接入费用约为 2 376.38 元，平均每户接入费用约为 1 065.04 元。

勘察时小区的多媒体箱尚未安装，建议建设单位和小区村委会尽快协商安装的具体位置，为后期的 ONU 的设置提供保障。

参考资料 2 项目突发事件

1. 设备由于运输途中出现特殊情况，不能及时到位，需延后 5~10 天。
2. 遭遇暴雨导致 8 个入孔被泥石流掩埋。
3. 由于设计缺陷，需要改变路线。
4. 挖沟槽作业中由于空压机噪音影响到周围居民，被居民阻止不能继续施工。
5. 设备安装时由于施工人员违规操作导致 3 人触电，并且设备损坏。
6. 土方开挖时不慎挖坏供水管道。

实训附件

参考文献

［1］美国项目管理协会. 项目管理知识体系指南（PMBOK©指南）［M］. 4版. 王勇，张斌，译. 北京：电子工业出版社，2009.

［2］汪小金，雷晓凌. 项目管理实验教程［M］. 北京：中国人民大学出版社，2010.

［3］成虎，丁士昭，等. 工程项目管理［M］. 3版. 北京：中国建筑工业出版社，2009.

［4］卢向南. 项目计划与控制［M］. 2版. 北京：机械工业出版社，2009.

［5］GUILHON，MONTCHAUD. The Dynamics of Venture Capital Industry［J］. Technology Management，2006，34（11）.

［6］戚安邦. 项目管理学［M］. 北京：科学出版社，2003.

［7］张志勇，邹祖旭，陈云川. 工程招投标与合同管理［M］. 北京：高等教育出版社，2009.

［8］中国（双法）项目管理研究委员会. 中国项目管理知识体系［M］. 北京：电子工业出版社，2006.

［9］斯坦利·波特尼. 如何做好项目管理［M］. 宁俊，等，译. 北京：企业管理出版社，2001.

［10］中国建筑业协会工程项目管理委员会. 中国工程项目管理知识体系［M］. 2版. 北京：中国建筑工业出版社，2011.

［11］科兹纳. 项目管理：计划、进度和控制的系统方法［M］. 10版. 北京：电子工业出版社，2011.

［12］陈起俊. 工程项目风险分析与管理［M］. 北京：中国建筑工业出版社，2007.

［13］匿名. 通信工程建设的质量管理与控制［EB/OL］. http：//wenku. baidu. com/view/f85cd95d3b3567ec102d8a12. html.

［14］王长峰. IT项目管理案例与分析［M］. 北京：机械工业出版社，2008.

［15］赵宪波. 工程项目成本管理探讨［J］. 科技信息（学术研究），2007，5（36）.